SHEHUI WANGLUO FENXI FANGFA ZAI
TUSHU QINGBAO LINGYU DE YINGYONG YANJIU

社会网络分析方法在图书情报领域的应用研究

姜 鑫 著

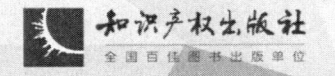

知识产权出版社
全国百佳图书出版单位

图书在版编目(CIP)数据

社会网络分析方法在图书情报领域的应用研究 / 姜鑫著.—北京：知识产权出版社，2015.6

ISBN 978-7-5130-3559-0

Ⅰ.①社…　Ⅱ.①姜…　Ⅲ.①社会关系—分析方法—应用—图书情报学—研究　Ⅳ.①G250

中国版本图书馆CIP数据核字（2015）第129254号

内容提要

目前，图书情报领域应用社会网络分析法的研究论著不断增加，已成为国内社会网络分析应用最重要的研究领域。本书通过大量实例并结合Ucinet软件工具系统介绍社会网络分析方法在图书情报领域应用的原理、方法与案例，具体内容涉及中心性分析、凝聚子群分析、结构洞分析、核心—边缘结构分析等社会网络分析方法在知识管理学、文献计量学、网络计量学等图书情报学科分支领域的应用研究。希望本书能为图书情报领域及社会科学相关领域的研究人员进行有关研究提供参考。

责任编辑：许　波

社会网络分析方法在图书情报领域的应用研究
姜鑫　著

出版发行：知识产权出版社有限责任公司	网　　址：http://www.ipph.cn
电　　话：010—82004826	http://www.laichushu.com
社　　址：北京市海淀区马甸南村1号	邮　　编：100088
责编电话：010—82000860转8380	责编邮箱：xbsun@163.com
发行电话：010—82000860转8101 / 8029	发行传真：010—82000893 / 82003279
印　　刷：北京中献拓方科技发展有限公司	经　　销：各大网上书店、新华书店及相关专业书店
开　　本：720mm×1000mm　1/16	印　　张：12.75
版　　次：2015年6月第1版	印　　次：2015年6月第1次印刷
字　　数：190千字	定　　价：48.00元
ISBN 978-7-5130-3559-0	

出版权专有　侵权必究
如有印装质量问题，本社负责调换。

PREFACE 前言

社会网络（social network）是一种基于"网络"（节点之间的相互连接）而非"群体"（明确的边界和秩序）的社会组织形式，也是西方社会学从20世纪60年代兴起的一种分析视角。随着工业化、城市化的进行和新的通信技术的兴起，社会呈现越来越网络化的趋势，在2012年出版的《Networked: The New Social Operating System》一书中，Lee Rainie 和 Barry Wellman 将社会网络革命（social network revolution）、移动革命（mobile revolution）与互联网革命（internet revolution）并列为新时期影响人类社会的三大革命。社会网络分析（Social Networks Analysis，SNA）以行动者及其相互之间的关系作为研究内容，通过对行动者之间的关系模型进行描述，分析这些模型所蕴含的结构及其对行动者和整个群体的影响。社会网络分析可以应用于群体、部门、组织和组织间等多个分析层次，具有较宽泛的应用领域和较强的问题解释能力。20世纪80年代起，社会网络分析的思想和方法被介绍到国内，主要应用于社会学领域。图书情报学界对社会网络分析的研究始于人际网络分析。2003年，包昌火、谢新洲和申宁在《情报学报》上发表《人际网络分析》，这是国内图书情报学界应用社会网络分析研究的开始。目前，图书情报领域应用社会网络分析法的研究论文不断增加，已成为国内社会网络分析应用最重要的研究领域。本书通过大量实例并结合 Ucinet 软件工具系统介绍社会网络分析方法在图书情报领域应用的原理、方法与案例，具体内容涉及中心性分析、凝聚子群分析、结构洞分析、核心–边缘结构分析等社会网络分析方法在知识管理学、文献计量学、网络计量学等图书情报学科分支领域的应用研究，希望能为本领域及社会科学相关领域的研究人员进行有关研究提供参考。本书撰写过程中参考了大量中外学者的论著，在此一并表示衷心的感谢！

CONTENTS 目录

基础篇 社会网络分析（SNA）——理论、方法与软件

第一章 社会网络资料的收集 …… 003
  第一节 社会网络资料的相关概念 …… 003
  第二节 社会网络资料的收集方法 …… 012

第二章 社会网络的数学表达 …… 023
  第一节 社会网络的图形表达 …… 023
  第二节 社会网络的矩阵表达 …… 028
    一、社会网络分析中的矩阵类型 …… 029
    二、矩阵的基本运算 …… 033

第三章 社会网络的基本概念 …… 037
  第一节 与"关联性"有关的概念 …… 037
    一、子图 …… 037
    二、二方组 …… 040
    三、三方组 …… 041
  第二节 与"距离"有关的概念 …… 046
    一、节点的度数 …… 046
    二、线路、轨迹和路径 …… 051

三、捷径、距离和直径 …………………………………………… 053

　　四、密度 …………………………………………………………… 055

第四章　中心性分析 …………………………………………………… 058

第一节　点度中心度 ………………………………………………… 061

　　一、点的点度中心度 ……………………………………………… 061

　　二、图的点度中心势 ……………………………………………… 063

第二节　中介中心度 ………………………………………………… 065

　　一、点的中介中心度 ……………………………………………… 065

　　二、图的中介中心势 ……………………………………………… 067

　　三、线的中介中心度 ……………………………………………… 068

第三节　接近中心度 ………………………………………………… 070

　　一、点的接近中心度 ……………………………………………… 070

　　二、图的接近中心势 ……………………………………………… 072

第五章　凝聚子群分析 ………………………………………………… 079

第一节　基于距离的凝聚子群 ……………………………………… 079

　　一、n-派系 ……………………………………………………… 079

　　二、n-宗派 ……………………………………………………… 082

第二节　基于度数的凝聚子群 ……………………………………… 088

　　一、k-丛 ………………………………………………………… 088

　　二、k-核 ………………………………………………………… 090

第六章　结构洞分析 …………………………………………………… 098

第一节　结构洞的相关概念 ………………………………………… 099

第二节　结构洞的测度指标 ………………………………………… 102

一、结构洞指数 ………………………………………………… 102
二、中介中心度指数 …………………………………………… 107

第七章 核心-边缘结构分析 …………………………………… 114
第一节 核心-边缘结构的特点 ………………………………… 114
第二节 核心-边缘结构的类型 ………………………………… 115

实践篇 社会网络分析在图书情报领域的应用

第八章 社会网络分析在知识管理领域的应用 ………………… 121
第一节 中心性分析在知识管理中的应用 …………………… 124
第二节 结构洞分析在知识管理中的应用 …………………… 126

第九章 社会网络分析在文献计量学中的应用 ………………… 140
第一节 社会网络分析在共词分析中的应用 ………………… 140
第二节 社会网络分析在共被引分析中的应用 ……………… 151

第十章 社会网络分析在网络计量学中的应用 ………………… 164
第一节 社会网络分析在网络关联性研究中的应用 ………… 164
第二节 社会网络分析在网络信息交流研究中的应用 ……… 173
附　录　91位用户的微博地址 ……………………………… 185

参考文献 …………………………………………………………… 190

基础篇

社会网络分析（SNA）
——理论、方法与软件

第一章 社会网络资料的收集

社会网络分析（Social Network Analysis，SNA）是在人类学、心理学、社会学、数学及统计学等领域中发展起来的，在国外是从20世纪30年代末出现并在最近二十多年里得到重要发展。社会网络分析是研究社会结构的最新方法和技术，目前已经形成了一系列专有术语和概念，并已成为一种全新的社会科学研究范式。社会网络分析所用的数据资料有其自身的类型与特征，本章主要介绍社会网络资料及其收集方法。

第一节 社会网络资料的相关概念

首先简单介绍社会网络的相关概念。"社会网络"（social network）是指社会行动者（social actor）及他们之间关系的集合。也可以说，社会网络是由多个节点（社会行动者）和各个节点之间的连线（代表行动者之间的关系）所组成的集合[1]。社会网络分析中的节点代表社会行动者，连线代表行动者之间的关系。"行动者"（actors）可以是个体、公司、学校乃

---

[1] 刘军. 整体网分析讲义——UCINET软件实用指南[M]. 上海：上海人民出版社，2009：1-3.

至组织、国家等。关于节点的信息既可以是静态的，也可以是动态的。行动者之间的"关系"（ties）是指具体的关联内容（relational content）或者现实中发生的实质性的关系。行动者之间的关系类型是多种多样的，可以是个人之间的朋友关系、上下级关系，也可以是城市之间的距离关系、国家之间的国际贸易关系等。

社会网络分析中的模（mode）是指社会行动者的集合，模数是指社会行动者集合类型的数目。由一个行动者集合内部各个行动者之间的关系所构成的网络称为1-模网络（one-mode network）。例如，一个公司内150名员工之间的朋友关系网络就是1-模网络。由一类行动者集合与另一类行动者集合之间的关系所构成的网络称为2-模网络（two-mode network）。还有一类特殊的2-模网络被称为"隶属网络"（affiliation network）。隶属网络中的两个模态分别是行动者和事件，即一个模态为行动者集合，另外一个模态为这些行动者所"隶属"的"事件"（如俱乐部或自愿者组织等）。

社会网络资料是指一组反映社会行动者之间关系的数据，它是进行社会网络分析的基础和材料。首先，社会网络资料是关于社会关系的数据信息，简称关系数据（relational data）。其次，关系数据有一定的表现形式，即通过一定的变量或数据把关系特征、结构等反映出来[1]。所以，关系数据不同于属性数据（attribute data），不仅其本质内容不同，其表现形式也不同。属性数据是关于行动者的自然状况、态度、观点以及行为等方面的数据，一般被视为个人或者群体所具有的财产、性质、特点等属性。通过调查和访谈收集到的一些资料通常被看成是特定个体的一些属性，需要运用现有的统计程序对它们进行定量分析。适用于分析属性数据的方法主要

---

[1] 林聚任. 社会网络分析：理论、方法与应用 [M]. 北京：北京师范大学出版社，2009：65-68.

是"变量分析"（variable analysis），如相关分析、回归分析、列联分析等。各种属性被看成是特定变量（如年龄、性别、学历、收入等）的取值。在进行变量分析时，属性数据的矩阵表现形式由个案和变量所构成的；矩阵的行表示个案（case），列表示变量（variable），如图1-1所示。

	变量			
	年龄	性别	收入	…
个案 1 2 3 4 5 …	属性数据			

图1-1 属性数据矩阵

这种个案-变量数据矩阵（case-by-variable matrices）不能用来表示关系数据。关系数据的矩阵表示形式为个案-隶属关系矩阵（case-by-affiliation matrices）：矩阵的行表示个案（case），即一些特定的行动者，他们构成了分析单元；矩阵的列表示隶属项（affiliation），即这些行动者所卷入的组织、事件或活动等。用矩阵的各个列代表各个隶属项，可以区分出哪些行动者参与了何种隶属项。从这种个案-隶属关系矩阵中，可以引出关于行动者之间的直接关系和间接关系的信息。例如，图1-2就是一个简单的个案-隶属关系矩阵，它表示了3个人（标记为1、2、3）参与3个事件（标记为A、B、C）的情况。如果有某人参与了某一事件，则将矩阵对应交叉处的格值记为"1"，否则记为"0"。由图1-2可见，3个人都参与了事件A，都没有参与事件B和C。与这个关系矩阵相对应的社群图表示了一个在个体之间存在相互联系的简单的三人结构。可以将这个社群图解读为：每个人在某一特定事件过程中都与另外两个人存在联系[1]。

---

[1] 约翰·斯科特. 社会网络分析法（第2版）[M]. 刘军译. 重庆：重庆大学出版社，2009：33-51.

	隶属		
	A	B	C
个案 1	1	0	0
个案 2	1	0	0
个案 3	1	0	0

图 1-2　一个简单的关系矩阵及其社群图

图 1-3 表示了社会网络关系矩阵的三种一般形式，最基本的形式就是前面提到的个案－隶属关系矩阵（见图 1-3（a）），其中各行表示行动者，各列表示行动者的隶属项。因为行和列表达的是不同的数据集合，因此这是一类 2-模（2-mode）长方形矩阵，矩阵中的行数和列数通常是不相等的。从这种基本的长方形矩阵中可以推导出两个 1-模（1-mode）方阵，其中一个是个案－个案方阵（见图 1-3（b）），其中行和列都代表个案（case），矩阵中的每个格值表示特定的一对行动者之间是否由于共同隶属于一个事件而关联在一起。因此，个案－个案方阵表示了行动者之间实际存在的关系，并且该矩阵与其对应的社群图所表达的信息是等同的。另一个是隶属－隶属方阵（见图 1-3（c）），其中行和列都代表隶属项（affiliation），矩阵中的每个格值表示特定的一对隶属项之间是否由于拥有共同的行动者而关联在一起。这种隶属－隶属方阵在社会网络分析中非常重要，因为它通常可以展现出个案－个案方阵所不能明显反映的有关社会结构的重要信息。

	隶属				
	A	B	C	D	E
个案 1					
个案 2					
个案 3					
个案 4					

图 1-3（a）　个案－隶属关系矩阵

	隶属			
	1	2	3	4
个案 1				
个案 2				
个案 3				
个案 4				

图 1-3（b）　个案－个案方阵

	隶属
	A B C D E
个案	A B C D E

图1-3（c） 隶属-隶属方阵

一个简单的2-模长方形数据矩阵可以转换成两个1-模方阵，其中一个描述了初始阵的各行，另外一个描述了初始阵的各列。长方阵和两个方阵都是针对同一关系数据的相同表达方式，长方阵通常称为"发生阵"（incidence matrix），而两个方阵又称为"邻接阵"（adjacency matrix）。研究者通常需要将所收集到的个案及其隶属关系的2-模数据整理成一个发生阵，然后将这个发生阵转换为社会网络分析中使用的1-模邻接阵。在某些情况下，研究者也可以直接收集个案-个案方阵形式的关系数据，如在一个公司中员工之间的朋友关系就可以直接构建方阵。以下通过一个具体的实例来说明如何应用Ucinet软件工具分析关系矩阵。图1-4是一个虚构的4个公司之间的连锁董事会数据。当某个人兼任两个或者多个公司的董事时，则可认为存在一个"连锁董事"（interlocking directorates），并使其兼任董事的两个或多个公司建立了联络。通常将公司看成是个案，将各个公司共享的董事看成是隶属项。

		董事				
		A	B	C	D	E
公司	1	1	1	1	1	0
	2	1	1	1	0	1
	3	0	1	1	1	0
	4	0	0	1	0	1

图1-4（a） 公司-董事发生阵

	1	2	3	4
1	-	3	3	1
2	3	-	2	2
3	3	2	-	2
4	1	2	2	-

	A	B	C	D	E
A	-	2	2	1	1
B	2	-	3	2	1
C	2	3	-	2	2
D	1	2	2	-	0
E	1	1	2	0	-

图1-4（b） 公司-公司邻接阵　　图1-4（c） 董事-董事邻接阵

由图1-4（a）可见，公司1有4个董事（A、B、C、D），而董事A同时也是公司2的董事，这表明公司1和2之间有关联。图1-4（b）表达了所有公司之间的连锁董事情况，矩阵中的每个格值不仅表示了连锁董事是否存在，还表示了每对公司之间共享董事的个数。每个格值并不是简单的二进制数，因为公司之间共享的董事可能多于一个。从初始发生阵的列中可以看出，公司1和4只有一个共同的董事，即C；而公司2和3则有两个共同的董事，即B和C。关系的强度可以通过关系本身包含的"连锁"数来测量。"最强的"关系存在于共享董事数目最多的公司之间，即公司1和2之间以及公司1和3之间，每组之间都共享3个董事。"最弱的"关系存在于只共享一个董事的公司之间，即公司1和4之间。

公司-董事发生阵（见图1-4（a））在Ucinet软件中可以通过以下两种方法输入：

（1）利用Ucinet软件本身的数据表程序（spreadsheet）直接输入。单击Ucinet主界面中的数据编辑器快捷方式（matrix spreadsheet）或者单击"Data→Data editors→Matrix editor"，就可以打开Ucinet的数据编辑器，可以在数据编辑器中直接键入数据，也可以利用"复制""粘贴"等方式将Excel文件中的数据复制到Ucinet中。矩阵的行数（Rows）和列数（Cols）的默认值是30，分别将行数和列数修改为4、5，输入完毕后命名为"图1-4"，Ucinet软件将会自动生成两个文件："图1-4.##d"和"图1-4.##h"（见图1-5（a））。

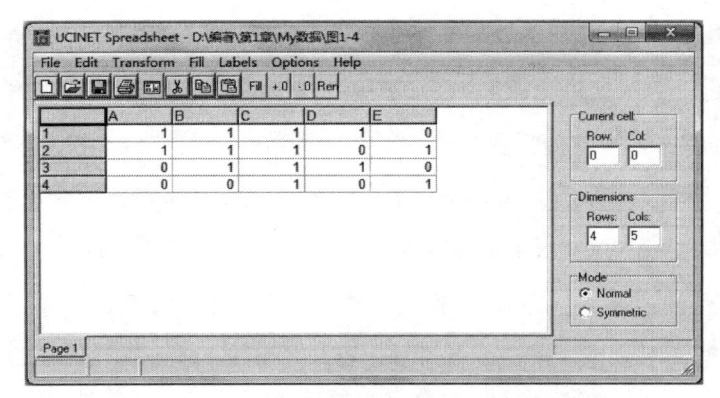

图 1-5（a）　用"数据编辑器"输入初始发生阵

（2）利用文本编辑器输入。在 Ucinet 软件中，常见的数据输入方法是在一个文本文件中输入数据，可以利用任何一种字处理程序，如"写字板"或者"Microsoft Word"；或者在 Ucinet 单击"File→Text Editor"，打开文本编辑器，也可以输入数据文件。采用关联列表形式（linked list formats）输入数据，只需指定数据中实际有关联的关系。关联列表形式可分为两类：点列表（nodelists）和边列表（edgelists）。点列表形式（nodelist format）又为两小类：①点列表形式-1（nodelist1），用于输入1-模方阵数据；②点列表形式-2（nodelist2），用于输入长方形的2-模矩阵数据；两者都只能用来输入1-0矩阵数据。由于公司-董事发生阵是2-模矩阵，故采用点列表形式-2（nodelist2），在文本编辑器中输入相应语句（见图1-5（b））。

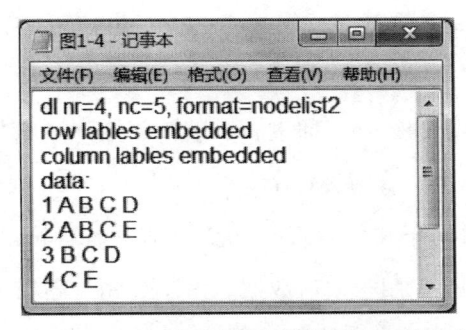

图 1-5（b）　用"文本编辑器"输入初始发生阵

关键词"dl"（代表 data language，即数据语言）是必需的，它界定了该文件是一个数据语言文件（DL filetype），并且必须放在文件的最前端。长方形的2-模矩阵需指定矩阵的行数和列数，语句"nr=4"表示矩阵包含4行（其中，nr 是"number of rows"的缩写），"nc=5"表示矩阵包含5列（其中，nc 是"number of columns"的缩写）。DL 文件也可以包含行动者的标签（lables），并可在标题行中加入标签信息。标签的长度最长为18个字符，不能包含空格或者逗号，建议用英文符号表示标签。可以针对行和列分别指定标签，即行标签（row labels）和列标签（column labels），也可以用 embedded 命令将标签嵌入到数据中。关键词"data："表示标题信息（关于数据的信息）结束，接下来就是数据本身了。语句"format = nodelist2"指定一种数据形式，即每行中的第一个数字指定一个"个案"，其关系指向与之对应的"隶属项"，例如，公司1共享董事A、B、C、D，公司2共享董事A、B、C、E，公司3共享董事B、C、D，公司4共享董事C、E。在输入上述数据之后，在指定文件夹中保存该文件成为纯文本文件，并且给该文件命名为"图1-4.txt"。如果将该文件中的信息转换为 Ucinet 数据，需要在 Ucinet 单击"Data→Import text files→DL"，选择保存的文本文件"图1-4.txt"，即可打开成为 Ucinet 形式的数据文件。

在 Ucinet 软件中，单击"Data→Affiliations（conrert 2-mode data to 1-mode）"，可以将2-模发生阵转换为2个1-模邻接阵。其中，模态（Which mode）有两种选择：行模式（Row）生成以个案为计算标准的矩阵，即个案-个案邻接阵（公司-公司邻接阵）；列模式（Column）生成以隶属项为计算标准的矩阵，即隶属-隶属邻接阵（董事-董事邻接阵）。转换的方法（Method）有两种：①对应乘积法（cross-product method），这是默认的选项，适用于二值数据；②最小值方法（minimum method），既适用于二值数据，也适用于多值数据。由于公司-董事发生阵是一个二值矩阵，故转换方法选择"对应乘积法"（见图1-6）。

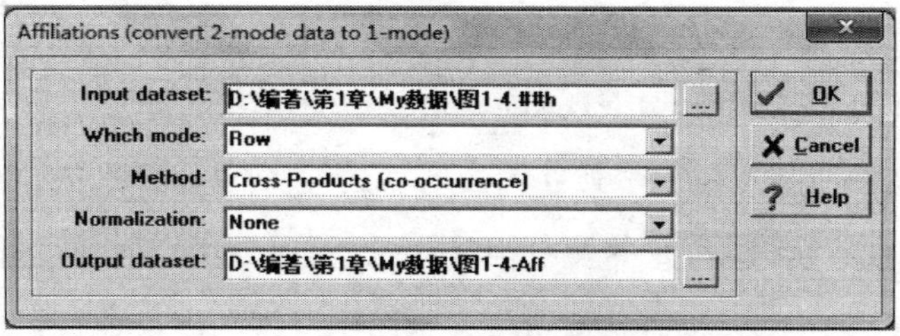

图1-6 2-模数据向1-模数据转换的对话框

"对应乘积法"是运用矩阵乘法运算,将2-模发生阵转换为两个1-模邻接阵。首先,设矩阵 A = 公司-董事发生阵,定义 A^T 为矩阵 A 的转置矩阵,即 $A_{ij}^T = A_{ji}$。如果矩阵 A 的规模为 $m \times n$,则矩阵 A^T 的规模为 $n \times m$。设矩阵 C = 公司-公司邻接阵,D = 董事-董事邻接阵,则有矩阵 $C = A \times A^T$,$D = A^T \times A$。具体的矩阵乘法运算过程如图1-7所示。

$$A = \begin{array}{c|ccccc} & A & B & C & D & E \\ \hline 1 & 1 & 1 & 1 & 1 & 0 \\ 2 & 1 & 1 & 1 & 0 & 1 \\ 3 & 0 & 1 & 1 & 1 & 0 \\ 4 & 0 & 0 & 1 & 0 & 1 \end{array} \qquad A^T = \begin{array}{c|cccc} & 1 & 2 & 3 & 4 \\ \hline A & 1 & 1 & 0 & 0 \\ B & 1 & 1 & 1 & 0 \\ C & 1 & 1 & 1 & 1 \\ D & 1 & 0 & 1 & 0 \\ E & 0 & 1 & 0 & 1 \end{array}$$

$$C = A \times A^T = \begin{array}{c|cccc} & 1 & 2 & 3 & 4 \\ \hline 1 & 4 & 3 & 3 & 1 \\ 2 & 3 & 4 & 2 & 2 \\ 3 & 3 & 2 & 3 & 2 \\ 4 & 1 & 2 & 2 & 2 \end{array} \qquad D = A^T \times A = \begin{array}{c|ccccc} & A & B & C & D & E \\ \hline A & 2 & 2 & 2 & 1 & 1 \\ B & 2 & 3 & 3 & 2 & 1 \\ C & 2 & 3 & 4 & 2 & 2 \\ D & 1 & 2 & 2 & 2 & 0 \\ E & 1 & 1 & 2 & 0 & 2 \end{array}$$

图1-7 "对应乘积法"的矩阵乘法运算过程

通过 Ucinet 的绘图软件工具 NetDraw 可以将公司-公司邻接阵、董事-董事邻接阵用社群图表示出来(见图1-8)。社群图可以清楚地表示矩阵的结构,每条连线上的数字表示连线的数值,用连线的粗细表示关系的强弱。公司社群图(见图1-8(a))表示了各个公司之间存在的关系,即它们共享几个共同的的董事(连锁董事)。公司1和2、1和3之间具有强关系,它们均共享3个共同的董事。公司1和4之间具有弱关系,他们仅共享 1 个共同的董事。董事社群图（见图 1-8（b））表示了各个董事之间存在的关系，即他们担任了同一个公司的董事。董事 B 和 C 之间具有强关系，他们共同担任三个独立的公司（公司 1、2 和 3）的董事。董事 A 和 D、A 和 E 以及 B 和 E 的关系相对较弱，他们之间仅共同担任一个公司的董事。董事 D 和 E 相对其他董事来说居于网络的边缘地位：他们与其他董事的关联较少，并且关联强度也比较弱，他们自身之间也没有联系。

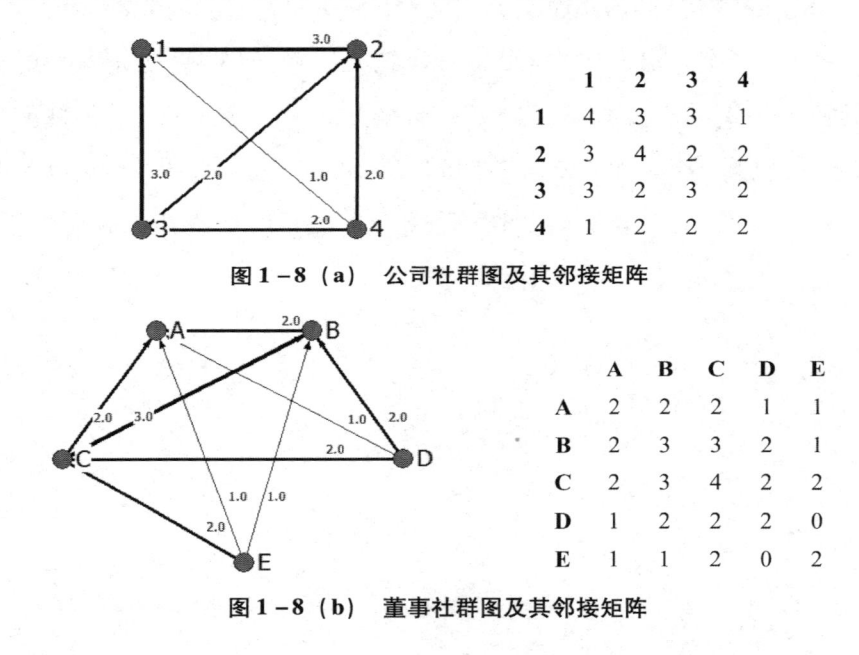

	1	2	3	4
1	4	3	3	1
2	3	4	2	2
3	3	2	3	2
4	1	2	2	2

图 1-8（a） 公司社群图及其邻接矩阵

	A	B	C	D	E
A	2	2	2	1	1
B	2	3	3	2	1
C	2	3	4	2	2
D	1	2	2	2	0
E	1	1	2	0	2

图 1-8（b） 董事社群图及其邻接矩阵

第二节　社会网络资料的收集方法

社会网络资料是指至少有一个对一组行动者作出测量的结构变量所组成的资料。对不同的社会网络有不同的测量方法和分析技术，如对亲友关系可用问卷法和访谈法收集资料，而对一些小群体的研究需采用观察法。具体采用何种方法视研究对象、目的的不同而有所不同，但通过社会网络资料回答的基本问题应是相同的：哪些行动者属于网络的成员？他们之间具有哪些形式的关系？如何对他们进行具体测量分析？从变量的角度来看，可分成两类：①结构性变量，主要测量成对行动者之间的关系，反映的是成对的行动者的特定类型的纽带关系，如对两个公司之间的商品交易的测量，人们之间友谊的测量等；②构成性变量，主要测量行动者的属性，也称为行动者属性变量（attribute variables），如性别、种族、民族等[1]。

社会科学数据主要分为两类："属性数据"和"关系数据"。"属性数据"（attribute data）是关于行动者的自然状况、观点和行为等方面的数据，一般被视为个人或者群体所具有的的财产、性质、特点等。通过调查和访谈收集到的一些资料通常被简单地看成是特定个体的一些属性，并且可以利用许多现有的统计程序对这些数据进行定量分析。适用于分析属性数据的方法主要是"变量分析"（variable analysis），该方法把各种属性看成是特定变量（如年龄、性别、学历、收入等）的取值。"关系数据"（relational data）是关于联系、接触、联络或者聚会等方面的数据，这类数据把一个行动者与另一个行动者联系在一起，因而不能还原为单个行动者本身的属性。关系不是行动者的属性，而是行动者系统的属性；这些关系把多对行动者联系成一个更大的关系系统。适用于关系数据的分析方法就是网络分析（network analysis）。在网络分析中，关系被认为表达了行动者之间的关联。尽管对这些关系也可以进行常规的定量统计分析，但社会网络分析方法更适用于分析关系数据。社会科学数据的第三种类型是"观念数据"（ideational data），它描述的是意义、动机、定义以及类型化本身。尽管观念数据居于社会科学的核心地位，但是分析这类数据的技术不如前两类数据那样完善。韦伯（Weber）概括提出的"类型分析"（typological analysis）是最富有成

---

[1] 林聚任. 社会网络分析：理论、方法与应用 [M]. 北京：北京师范大学出版社，2009：66 - 67.

效的研究，但是这类方法还需要进一步发展❶。

尽管存在着各种不同的数据类型（见表 1-1），每种数据各有其适用的分析方法，但是收集各种数据的方法并无特别之处。例如，收集属性数据的方法和收集关系数据的方法并无差别。这三种类型的数据通常一起进行收集，成为同一项研究的各个组成部分。例如，在对政治态度的研究中，可能把态度与群体成员和社区依附感联系在一起；在对公司之间共享董事成员的研究中，可能把董事与公司的规模和效益联系在一起。在这两种情况下，可以认为，问卷法、访谈法、观察法或者文献分析法都可用于收集数据。表 1-1 比较了三种数据的关系。

表 1-1　社会研究资料及其分析方法的各种类型❷

研究类型	资料来源	资料类型	分析类型
调查研究	问卷法、访谈法	属性资料	变量分析
民族志研究	观察法	观念资料	类型分析
文献研究	文本	关系资料	网络分析

在进行社会网络资料的收集时，需要明确研究对象即行动者的界限范围，即应首先确定所分析的总体或网络的界限。当所分析的是相对较小、封闭的个体行动者网络时，其总体是很容易确定的。但是在许多情况下，不易确定一组行动者或整体网的界限范围。由于群体成员的构成是动态的，有些成员之间的关系也是松散的，特别是对大型的社区等分析单位来说，确定其边界是非常困难的。通常是根据人们之间的互动频率以及他们之间的关联强度对是否成员划分界限，有时也可由网络成员自己加以界

---

❶ 约翰·斯科特. 社会网络分析法（第 2 版）[M]. 刘军译. 重庆：重庆大学出版社，2009：2-3.

❷ 约翰·斯科特. 社会网络分析法（第 2 版）[M]. 刘军译. 重庆：重庆大学出版社，2009：3.

定。总体说来，小群体的边界比较清晰，大群体的边界比较模糊。因此，在进行社会网络分析时需要明确分析的层次，主要可以划分为两个层次：①整体结构层次，涉及的是整体网资料；②个体结构层次，涉及的是个体网资料❶。

对关系属性的测量主要包括两个方面：①关系是有向的还是无向的，即行动者之间的关系是单向的还是双向的或者是无向的。在一个有向关系中，联系从一个行动者指向另一个行动者。在一个无向关系中，行动者之间的联系是没有方向的。②关系是二值的还是多值的。二值型是指两个行动者之间的关系要么存在要么不存在，这样便产生了一个只有两个值的二值型关系："有"或者"无"。多值型关系可以用一系列的数值来表示两个行动者之间关系的强度。关系资料的相关类型可用表1–2来概括。

表1–2 关系资料类型

数值 \ 方向	无向	有向
二值	简单二值型	有向二值型
多值	简单多值型	有向多值型

社会网络资料的具体收集方法有许多种，常用的方法有以下几种❷。

（一）问卷法

问卷法是调查研究最常用的资料收集方法之一，调查问卷通常包括问题和答案两部分。在设计调查问卷时可以使用三种不同的问题形式。

1. "花名册"和"自由提名"

在设计调查问卷时需要注意这样一个问题：是否应该把行动者集合中

---

❶ 林聚任．社会网络分析：理论、方法与应用［M］．北京：北京师范大学出版社，2009：69．

❷ 斯坦利·沃瑟曼，凯瑟琳·福斯特．社会网络分析：方法与应用［M］．陈禹，孙彩虹译．北京：中国人民大学出版社，2012：31–32．

的其他行动者完全列出来，也就是是否把花名册出示给被访者看。仅当收集数据之前就知道集合中的行动者时才可能编制出花名册。例如，在收集一个大学班级里同学之间友谊信息的调查问卷中，研究者让每个学生将自己与班上其他同学的友谊分成五个等级：

请在最好地描述你和列表上每一个人关系的空白处做上标记。参与这个项目的每个人的名字都被列在下面。对于列表中的每个名字，你可以有以下五种选择："值得信赖的朋友""彼此之间非常熟悉""一般的熟人""名字和脸能对得上"以及"不认识"。

在一些调查问卷的设计中，研究者并不会在问卷中出示网络中行动者的完全列表，而是要求被调查者列出几个与自己在某种角色关系（如邻里、工作）、内容领域（如工作事物、家庭杂务）或亲密关系（如信任、互动）方面相联系的交往者的名单。这种由被调查者提供姓名列表的形式称为"自由提名"（name generators），通常应用于自我中心网分析。例如，要求被调查者列举其最好的朋友有哪些，最经常联系的人是谁，并列举出这些人的个人和社会地位特征等。

1985年美国"综合社会调查"（GSS）的问卷中，为了引出被调查者的知心朋友网络，调查员会提出如下问题：

大多数人总是会与其他人讨论一下重要的事情。那么，请你回顾一下过去六个月当中，你与谁讨论过重要的事情？你只需要说出他们的名字或者名字缩写就可以。

调查员计量每个被调查者说出的六个名字，然后继续提问："你感觉跟所有这些人的关系都是一样的吗？（如果不）那么其中哪一个是你觉得关系特别近的？（接着可以试探性提问：还有其他人吗?）"然后对被调查者与其交往者之间的联系提问：

请考虑你刚才提到的那些人之间的关系。一些人之间也许完全陌生，他们即使在大街上碰在一起，互相也认不出来。一些人之间也许关系特别亲密，跟他/她和你的关系一样好甚至更好。那么，现在请考虑 A 和 B。他们之间陌生吗？或者他们关系特别亲密吗？（可以试探性提问：跟他们和你的关系一样亲密？甚至更亲密？）

被调查者还要求回答：他们与其交往者认识多长时间了？平均间隔多长时间交谈一次？与被调查者之间是什么关系（如配偶、父母、子女、邻居、同事、朋友、顾问）？同时要求被调查者提供每一个交往者的性别、种族、教育背景、年龄、宗教和政党认同[1]。

2. "自由选择"和"固定选择"

如果在问卷中限定了可提名的行动者的人数（如说出特定数量的"亲密朋友"），那么每个被调查者就需要作出固定数量的选择，这样的问卷设计称为"固定选择"。每个被调查者与集合中其他行动者之间联系的最大值是固定的。例如，在一项研究医生之间职业信息交流的调查中，某个社区中每个受访的医生都会被问及以下三个问题：

（1）你最常向谁寻求建议和获取信息？

（2）在一个星期中你最常跟谁讨论自己的病例？

（3）在你的同事中谁是你的朋友？在社交场合中你最常看见谁？

（对于每个问题，请提名三个医生）

如果被调查者在提名的人数上并未受到任何限制，这样的问卷设计就是"自由选择"。例如，在许多大学里，某个电脑程序的使用者形成了一个"无形学院"。为了研究这些使用者之间的关系，要求受访的使用者回答如下问题：

请就每个用户群体成员指出他们是否：

· 有一个紧邻的办公室

---

[1] 戴维·诺克，杨松.社会网络分析（第 2 版）[M].李兰译.上海：上海人民出版社，2012：38 – 40.

- 同时进入了相同的学校
- 共同使用同一个办公室
- 居住在相同的公寓里
- 同时在相同的学校学习
- 同时属于某个系

每个被调查者在以上六种关系上所能提名的人数并没有被限制。

3. "划分等级"和"完全排序"

在一些调查问卷的设计中，要求被调查者将自己与集合中所有其他行动者的关系划分等级或者排列顺序。"划分等级"要求被调查者对每一个联系都指派一个数值或级别；"完全排序"要求被调查者将他们与所有行动者之间的联系排序。这种测量方法反映了行动者之间联系的强度，可赋予一定的数值或方向，如行动者之间的联系是正向的还是负向的，以及是单向的还是双向的。

案例分析1-1是运用"调查法"收集社会网络资料的一个例子。

※案例分析1-1：罗家德（2010）有关中国人关系强度的调查问卷[1]

本研究采用的是个人中心网调查问卷，主要测量三个指标：关系久暂、互动频率和亲密程度。调查问卷的具体内容如下：

请问依照你的创业计划（事先已请被调查者写好创业计划），列举五位你最可能在创业时求助的人：

姓名一	姓名二	姓名三	姓名四	姓名五

---

[1] 罗家德. 社会网分析讲义（第2版）[M]. 北京：社会科学文献出版社，2010：116-117.

一、你和他的关系是：

(1) 父母\子女\夫妻关系　　(2) 兄弟姐妹关系

(3) 亲密朋友　　(4) 亲戚关系

(5) 普通朋友　　(6) 认识的人

二、我和他认识了

(2) 刚刚认识　　(4) 半年到一年

(6) 一年到三年　　(8) 三年到十年

(10) 十年以上

三、我和他多长时间联络一次

(2) 好多年没联络　　(4) 一年至少一次

(6) 一个月至少一次　　(8) 一周至少一次

(10) 一天至少一次

四、我和他谈的话题包括

(1) 天气

(2) 限于公事

(3) 电影、电视、消费、旅游、娱乐活动的信息

(4) 政治

(5) 共同的兴趣，交换相关知识与心得

(6) 个人私事，如健康状况、工作满意、财务状况

(7) 共同认识的人，如我喜欢谁、不喜欢谁

(8) 深入讨论自己的宗教、信仰或意识形态

(9) 婚姻、性

(10) 私人感情生活

五、我和他除了公事外还会一起做些什么事？

(1) 我们不曾有任何非上班时间的接触

(2) 会一起参加一些群体活动

（3）中午一起去吃午餐

（4）晚上会一起吃晚餐

（5）私下一起去做些娱乐活动

（6）两家人会聚在一起从事休闲活动

（7）会借我（他）一个月以上的钱

（8）我们会相约一起旅游，或我旅行时会住在他/她家

（9）会对你个人做人处世提出规劝意见

（10）我有重大困难，他会牺牲自己重大利益主动来帮忙

六、我和他有多少共同认识的人（朋友、亲戚、邻居或家人）

（1）没有什么共同认识的人

（4）一群都不太熟的共同认识的人

（7）一小群十分熟的共同认识的人

（10）好几群十分熟的共同认识的人

本研究将中国人的关系强度划分为四个构面：认识久暂、互动频率、亲密行为及亲密话题。问卷第一题测量的是"关系类型"，包括"家人"（父母、夫妇、子女及兄弟姐妹）"亲戚""亲密朋友""普通朋友"和"认识的人"。第二题测量的是"认识久暂"，共有五个选项："刚刚认识""半年到一年""一年到三年""三年到十年""十年以上"，各项分值分别是2分、4分、6分、8分和10分。第三题测量的是"联络频率"，也有五个选项："好多年没联络""一年至少一次""一个月至少一次""一周至少一次"和"一天至少一次"，分值依次也是2分、4分、6分、8分和10分。第四题和第五题测量的分别是"亲密话题"和"亲密行为"，用来测量双方的亲密程度。这两题分别各有10个选项，按照亲密程度由低到高排列，分值也由1分逐渐增加到10分。第六题测量的是双方的"亲密朋友圈"，共有四个选项："没有什么共同认识的人""一群都不太熟的共同认识的人""一小群十分熟的共同认识的人"和"好几群十分熟的共同认识的人"，分值分别是1分、4

分、7分和10分。

（二）访谈法

访谈法是社会研究常用的资料收集方法之一，当无法通过调查问卷收集资料时，面对面的或者是通过电话的访谈则被用来收集资料。在社会网络分析中，访谈法主要用于收集自我中心网资料，如了解一个人的朋友圈子、询问其关系强度等。访谈法也可用于社会支持网研究。

（三）观察法

观察法是通过观察记录行动者之间的互动情况来收集社会网络资料，主要适用于研究规模相对较小同时又存在面对面互动关系的小群体。通过对某一小群体的具体观察记录，了解其关系结构、密切程度和互动特性等。观察法特别适用于那些不能接受问卷或者访谈的研究对象。

（四）文献档案法

文献档案法是根据研究对象的有关资料，如日记、档案、信件、报刊等文献资料，通过追踪查询来找出其社会关系网络。文献档案法既可以研究个人的关系网络，也可以研究某些重要人物、团体、国家之间的联系网络[1]。

（五）实验法

实验法是根据实验设计而获取社会网络资料的方法，主要用于著名的"小世界现象"的研究。1967年，美国哈佛大学社会心理学家Stanly Milgram在研究联结人与社区的人际关系网时，设计了一个连锁信件实验：先确定一

---

[1] 林聚任. 社会网络分析：理论、方法与应用[M]. 北京：北京师范大学出版社，2009：79.

个信件传递的"目标人物"。作为"起点人群"的每个人都不认识目标人物，他们都将获取一些关于目标人物的信息，包括他的姓名、地址、职业和其他相关信息。Milgram要求起点人群将信件寄给他们熟悉的人——那些可能认识"目标人物"的人。收到信件的人又被要求重复这一过程，以此类推。这个实验也称为"小世界实验"，是对小世界现象（small world phenomenon）最早的研究。Milgram根据这一研究发现了"六度分离"现象，即"你和任何一个陌生人之间所间隔的人不会超过六个，即最多通过六个人你就可以认识任何一个陌生人"。并由此产生了著名的"六度分离"（Six Degrees of Separation）理论，即"每两个特定美国人之间平均只间隔六个人"。

一般来说，整体网资料的收集多采用大规模的问卷法，但是对于小群体或者小型网络（包括自我中心网），因其关系数据反映的是某一个体（自我）与网络内部分其他行动者之间的关系，所以收集这类网络数据多采用访谈法、观察法以及实验法。

第二章　社会网络的数学表达

通过问卷法、访谈法、观察法、实验法等方法收集社会网络资料之后，接下来需要通过适当方法对其进行具体分析。社会网络分析已发展出多种描述与分析网络资料的专门技术与方法，主要有图论法、矩阵法、社群图法和代数法等。图论法适用于描述小型群体的关系形式，能够直观地表现网络的结构特征，尤其适合于描述凝聚子群、二人关系、三人关系等。矩阵法可用来表达和分析各种不同类型的社会网络。社群图法通常应用于结构对等性（structural equivalence）和块模型（blockmodel）的研究。代数法适用于对角色和位置关系的分析。本章主要介绍社会网络最基本的两种数学表达形式：社群图法和矩阵法。

第一节　社会网络的图形表达

社群图（sociogram）是由节点（代表行动者）和连线（代表行动者之间的关系）构成的。行动者是由 N 个节点来代表的，通常用标识名、字母或数字来表示。例如，社群图中的节点集可以表示为：$N = \{n_1, n_2, \cdots, n_N\}$，$N$ 为节点数（或阶数），记作 $V(G)$。两个节点之间的连线表示一种关系或连接；连线的缺失表明两个行动者之间不存在直接关系。如果两个节点之间有一条连线，那么这两个节点就是邻接的。可以用 L 代表连线的集合，用 l 代表其中的单条连线。社群图中连线的集合可以表示为：$L = \{l_1, l_2, \cdots, l_L\}$，$L$ 为连线数，记作 $E(G)$。根据不同的标准，可以将社群图划分为不同的类别[1]。

（一）"无向图"和"有向图"

如果根据关系（连线）的方向，可以分成"无向图"（undirected graph）和"有向图"（directed graph）。"无向图"是从对称图中引申出来的，它只表明关系存在与否。如果社群图中的一条连线没有箭头或者是双向箭头，那么就表明这一关系是无向的或双向的（如同事关系）。如果关系是有方向的（如借款关系、权利关系等），也就是关系是从一个行动者指向另一个行动者，即 n_1 到 n_2 的关系与 n_2 到 n_1 的关系是不同的，则用"有向图"来表示，并用单向箭头代表关系的方向。对于由两个行动者构成的"有序节点对"(n_1, n_2)，即存在一个由 n_1 指向 n_2 的关系，其中节点 n_1 是连线的起点，节点 n_2 是连线的终点，则记作 $n_1 \rightarrow n_2$。单向箭头连线表示一种定向关系（如提供建议），方向由箭尾的行动者（n_1）指向箭头的行动者（n_2）。双向箭头连线表示两个定向关系，从一个节点到另一个节点，表达的是一种互惠关系或相互关系（如每个行动者都选择对方作为自己的"亲密朋友"）。一个替代模式是使用两个单向箭头，每个箭头都指向对方。也可以通过线条粗细的变化，形象地表达双方关系的强度、密度或者频率[2]。图 2-1 为一个简单的有向图及其邻接矩阵，表达了四个行动者 A、B、C、D 之间的有向关系。

---

[1] 刘军. 社会网络分析导论 [M]. 北京：社会科学文献出版社，2004：58-62.
[2] 戴维·诺克，杨松. 社会网络分析（第2版）[M]. 李兰译. 上海：上海人民出版社，2012：79-80.

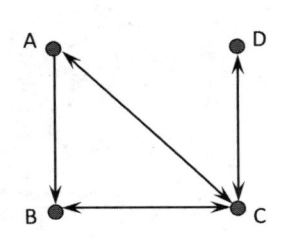

	A	B	C	D	行总和
A	-	1	1	0	2
B	0	-	1	0	1
C	1	1	-	1	3
D	0	0	1	-	1
列总和	1	2	3	1	

图 2-1　一个有向图及其邻接矩阵

（二）"二值图""符号图"和"赋值图"

如果根据关系的"紧密程度"，可以将关系图分为"二值图"（binary graph）、"符号图"（signed graph）和"赋值图"（signed graph）。通常情况下，应首先考虑二元无向关系，进一步分析二元有向关系，再进一步思考关系的强度和频率等。

（1）如果关注的问题是："此人是否为你的朋友？"那么选项仅有两个："不是朋友"和"是朋友"（可用"0"和"1"两个值来表示），作图时仅用"单向箭头连线"就可以表示这种二择一的关系。根据这种资料得到的网络图称为"二值图"。

（2）如果关注的问题是："对于列表中的每个人来说，你跟他的关系是'朋友'、'无关系'、还是'敌人'？"那么选项有三个：友谊提名可以用"+"表示，而敌对提名可以用"-"表示。根据这种资料得到的网络图称为"符号图"。一个符号图由三组信息构成：节点集 $N = \{n_1, n_2, \cdots, n_N\}$；连线集 $L = \{l_1, l_2, \cdots, l_L\}$，每条连线是一个无序相异节点对，$l_k = (n_i, n_j)$；以及附于连线上的一组符号的集合 $V = \{v_1, v_2, \cdots, v_L\}$，符号与每条连线关联，$v_k$ 是"+"或"-"。在有向符号图中，可以用带"+"的有向箭头连线表示友谊提名，用带"-"的有向箭头连线表示敌对提名。图 2-2 包括了一个有向符号图的例子，表示人们之间的友谊和敌对提名[1]。

5 个孩子的朋友（+）和敌人（-）

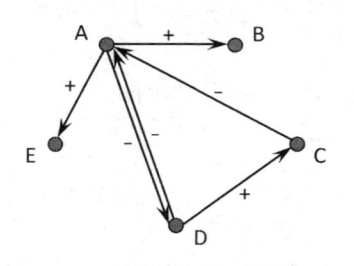

图 2-2 一个有向符号图的示例

（3）如果关注的问题是："在下面的 3 个人中，你最喜欢谁？其次是谁？再次是谁？"根据这种问题分析出来的关系刻画了关系的强度，作图时可在连线上加上关系的强度，也可以用连线的粗细来描述关系的强度。根据这种资料得到的网络图称为"赋值图"，作图时把一定的数值赋予每条连线上。一个赋值图由三组信息构成：节点集 $N = \{n_1, n_2, \cdots, n_N\}$；连线集 $L = \{l_1, l_2, \cdots, l_L\}$，每条连线是一个无序相异节点对，$l_k = (n_i, n_j)$；以及附于连线上的一组数值的集合 $V = \{v_1, v_2, \cdots, v_L\}$，每条连线都与集合 V 中的一个数值相关联。"赋值图"还可划分为"无向赋值图"（undirected signed graph）和"有向赋值图"（directed signed graph）。"无向赋值图"中的连线是无向的但是赋值的；"有向赋值图"中的连线既是有向的又是赋值的。赋值图的邻接矩阵通常是不对称的。

（三）"完备图"和"非完备图"

如果根据网络中各个行动者之间关系的"紧密程度"，可以把关系图划分为"完备图"（complete graph）和"非完备图"（non-complete graph）。"完备图"是指那些其所有节点之间都直接相连的简单图，换言之，图中

---

[1] 斯坦利·沃瑟曼，凯瑟琳·福斯特. 社会网络分析：方法与应用[M]. 陈禹，孙彩虹译. 北京：中国人民大学出版社，2012：100-101.

任意两个不同节点之间都有一条连线相连。"完备图"即使在小型网络中也是很少见的，即一般的关系图都是"非完备图"。

综上所述，社群图既可以是二值的，也可以是多值的；既可以是无向的，也可以是有向的；既可以是1-模网络图，也可以是2-模网络图。如果将关系的方向和取值结合在一起，可以将社群图分为四种类型：无向二值图、有向二值图、无向赋值图和有向赋值图（见表2-1、图2-3）。根据社群图就可以构造出关系矩阵，与上述四类社群图相对应，关系矩阵也有四种类型：无向二值矩阵、有向二值矩阵、无向赋值矩阵和有向赋值矩阵[1]。

表2-1 社群图的四种类型

取值 \ 方向	无向	有向
二值	无向二值图	有向二值图
多值	无向赋值图	有向赋值图

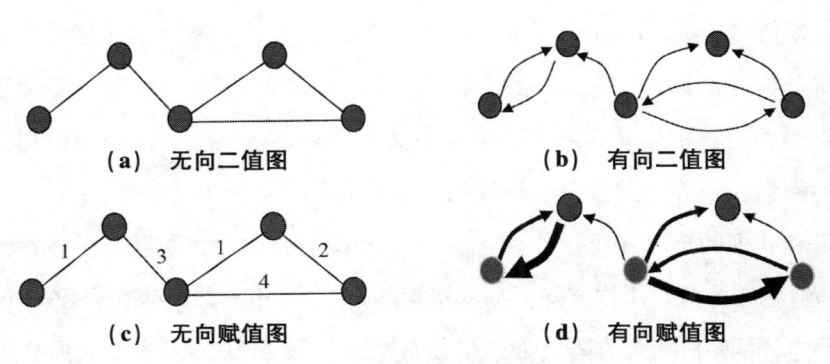

(a) 无向二值图　　(b) 有向二值图

(c) 无向赋值图　　(d) 有向赋值图

图2-3 社群图的四种类型

---

[1] 刘军. 整体网分析讲义——UCINET 软件实用指南 [M]. 上海：上海人民出版社，2009：89-90.

第二节 社会网络的矩阵表达

利用社群图表达关系网络的优点是清晰、明确，社会行动者之间的关系一目了然。但是，如果社群图中涉及的行动者很多（如超过 100 人），那么社群图从直观上就显得相当复杂，以至于难以分析出关系网络的结构。在这种情况下，最好利用矩阵来表达关系网络。

从一般意义上说，矩阵是一些元素的排列。一个矩阵可以表示为下面的形式：

$$A = \begin{pmatrix} a_{11} & a_{12} & \cdots & a_{1n} \\ a_{21} & a_{22} & \cdots & a_{2n} \\ \vdots & \vdots & & \vdots \\ a_{m1} & a_{m2} & \cdots & a_{mn} \end{pmatrix}_{m \times n}$$

矩阵 A 是由 $m \times n$ 个元素（或 m 行 n 列元素）按照一定次序排列成的二维数据表格，其中 a_{ij} 称为矩阵的元素。矩阵通常用大写英文字母表示（如 A），矩阵中的元素通常用小写英文字母表示（如 a_{ij}），并用下角标来标明元素在矩阵中的位置。矩阵的规模通常用行数和列数来表示，一个有 m 行和 n 列的矩阵 A 可记作 $A_{m \times n}$。如果矩阵的行数和列数相等，则称这样的矩阵为正方阵，简称方阵（如邻接矩阵）。如果矩阵的行数和列数不相等，则称这样的矩阵为长方阵（如隶属关系矩阵）。矩阵中的元素由其所在的位置来表示，矩阵 A 中第 i 行第 j 列的元素记为 a_{ij}（$i = 1, 2, \cdots, m$；$j = 1, 2, \cdots, n$）。

如果行和列都代表来自一个行动者集合的"社会行动者"，那么矩阵中的元素代表各个行动者之间的"关系"，这样的矩阵对应的网络是 1－模网络（1－mode network）。如果行和列代表来自两个行动者集合的"社会行动者",那么矩阵中的元素代表来自两个行动者集合中的各个行动者之间的"关系",这样的矩阵对应的网络是 2 – 模网络(2 – mode network)。如果"行"代表来自一个行动者集合的"社会行动者","列"代表行动者所参与的"事件",那么矩阵中的元素就表达行动者隶属于"事件"的情况,这样的矩阵对应的网络也是 2 – 模网络,具体地说是"隶属关系网络"。

一、社会网络分析中的矩阵类型

以下分别介绍社会网络分析中经常使用的几类矩阵[1]。

(一) 邻接矩阵

邻接矩阵(adjacency matrix)又称为社群矩阵(sociomatrix),记为 X,它是社会网络分析中最常使用的一类方阵。在一个邻接矩阵中,行和列都代表完全相同的社会行动者,并且行和列的排列顺序也是完全相同的。邻接矩阵中的元素通常是二值的,代表行动者集合中的"社会行动者"之间的关系。邻接矩阵中的各元素表达了两个节点之间是否"邻接",因此可用"1"和"0"分别代表连线的存在与否。

一个邻接矩阵是规模为 $n \times n$(或 n 行 n 列)的 1 – 模网络,每个节点都对应着一行和一列,行和列都用数字 1,2,…,n 进行标识。行和列以相同的顺序标出了图中的各个节点或网络中的各个行动者。邻接矩阵中的各个元素 x_{ij} 表达了哪些节点对是邻接的。如果第 i 个行动者(n_i)与第 j 个行动者(n_j)之间存在关系,即节点 n_i 与节点 n_j 之间有一条连线,那么矩阵中第 i 行第 j 列位置的元素 x_{ij} 取值为 1,否则元素 x_{ij} 取值为 0。换言之,如果节点 n_i 与节点 n_j 是邻接的,那么 $x_{ij}=1$;如果是不邻接的,那么

---

[1] 刘军. 社会网络分析导论 [M]. 北京:社会科学文献出版社,2004:63 – 67.

$x_{ij}=0$。

一个社群图（sociogram）中行动者之间的关系是用节点之间的连线来表示的。图2-4是一个表达5个公司之间"连锁董事"情况的社群图，该社群图中含有5个节点和6条连线；图2-5是表达该社群图的5×5对称邻接矩阵，矩阵中的一个非"0"元素对应社群图中的一条连线。由于通常并不研究行动者与其自身的关系，因此邻接矩阵的主对角线的元素通常不加定义，记为"-"。社群图中只有节点之间关联的模式才是所关注的，节点的大小和位置以及连线的长短并不重要。图2-4中的三个社群图表达的是同一种关系模式，图2-5是它们对应的同一个社群矩阵（或邻接矩阵）。

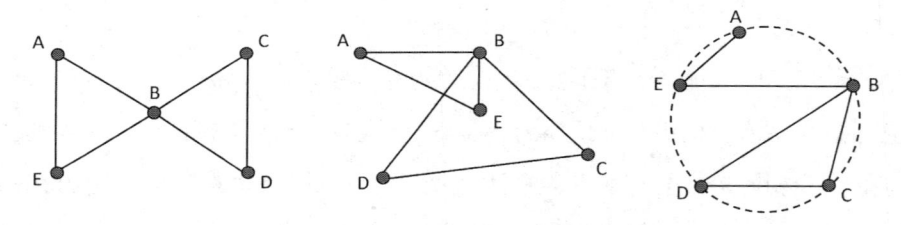

图2-4 一个5点图的三种表达方法

	A	B	C	D	E	行总和
A	-	1	0	0	1	2
B	1	-	1	1	1	4
C	0	1	-	1	0	2
D	0	1	1	-	0	2
E	1	1	0	0	-	2
列总和	2	4	2	2	2	

图2-5 图2-4的社群矩阵 X

由于5个公司之间的"连锁董事"关系是无向的，因而社群图中的连线也是无向的，即图2-4中的三个社群图都是"无向二值图"。"无向二值图"只表达出两个节点是否是邻接的，如果两个节点 n_i 与 n_j 是邻接的，则有 $x_{ij} = x_{ji} = 1$；如果两个节点 n_i 与 n_j 不邻接，则有 $x_{ij} = x_{ji} = 0$，因此

"无向二值图"是对称的(symmetric)。如果一个矩阵中的所有元素都满足 $x_{ij} = x_{ji}$,则称该矩阵为对称矩阵,其上三角和下三角的元素是相同的。在图2-5中,由于节点A和B是邻接的,则有 $x_{AB} = x_{BA} = 1$;由于节点D和E不邻接,则有 $x_{DE} = x_{ED} = 0$。由于任意两个节点 n_i 与 n_j 要么邻接,则有 $x_{ij} = x_{ji} = 1$;要么不邻接,则有 $x_{ij} = x_{ji} = 0$,因此"无向二值图"的邻接矩阵仅包括"1"和"0"。

在一个有向图的邻接矩阵中,通常约定矩阵行位置的行动者是某种特定关系的发出者,约定矩阵列位置的行动者是这种特定关系的接受者。矩阵 A 表达的就是一系列行动者之间的某一特定类型的关系。对于一个有向图的邻接矩阵 X,如果存在一条自行节点 n_i 到列节点 n_j 的连线,则有元素 x_{ij} 的取值为1,否则元素 x_{ij} 的取值为0。换言之,如果行节点 n_i 所代表的行动者 i "选择"了列节点 n_j 所代表的行动者 j,则元素 x_{ij} 的取值为1。由于从行动者 i 到行动者 j 的"选择",完全不同于从行动者 j 到行动者 i 的"选择",因此元素 x_{ij} 的取值也可能与元素 x_{ji} 的取值不同。例如,如果行动者 i "选择"了行动者 j,但是行动者 j 并未作出回应,那么元素 x_{ij} 的取值为1,而元素 x_{ji} 的取值为0。

(二)发生阵

发生阵(incidence matrix)也称为"关联矩阵",记为 I,或者 $I(G)$,表达了哪个节点和哪条边相关联。发生阵中的各行代表的是各个节点,各列代表的是各条连线。如果一个图中含有 N 个节点和 L 条连线,则与其对应的发生阵是 N 行 L 列的,即该发生阵的规模为 $N \times L$;并且对于每个节点都存在一行,对于每条连线都存在一列。如果第 i 个节点(n_i)与第 j 条连线(l_j)相关联,那么该矩阵中第 i 行第 j 列的元素 I_{ij} 取值为1,否则元素 I_{ij} 取值为0。因为连线 $l_k = (n_i, n_j)$ 与两个节点 n_i 和 n_j 都关联,所以在发生阵 I 中每列刚好有两个值为1,表达了与这条连线相关联的两个节点。

由于一条连线 l_j 与一个节点 n_i 要么关联，则有元素 $I_{ij}=1$；要么不关联，则有元素 $I_{ij}=0$，因此"发生阵"一定是二值矩阵。由于网络中的节点数和连线数不一定相等，因此发生阵不一定是方阵。图 2-6 给出了图 2-4 的发生阵，其中节点的个数为 $N=5$，连线的条数为 $L=6$，因此发生阵 I 是一个 5×6 矩阵。无论是邻接矩阵还是发生阵，它们都表达了一个图中的全部信息。两个矩阵的信息都能完全描述图中的节点集和连线集。

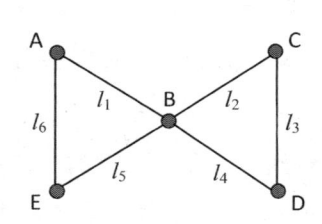

	l_1	l_2	l_3	l_4	l_5	l_6
A	1	0	0	0	0	1
B	1	1	0	1	1	0
C	0	1	1	0	0	0
D	0	0	1	1	0	0
E	0	0	0	0	1	1

图 2-6 一个社群图及其发生阵

（三）隶属关系矩阵

隶属关系矩阵（affiliation matrix）可以用来研究社会行动者的隶属关系，用矩阵的行代表一些特定的行动者，用矩阵的列代表隶属项（affiliation），即这些行动者所卷入的组织、事件或活动等，因此隶属关系矩阵是一个 2-模矩阵。用矩阵的各个列代表各个隶属项，可以区分出哪些行动者参与了何种隶属项。图 2-7 是一个简单的隶属关系矩阵，它表示了 6 个学生（标记为 A、B、C、D、E、F）加入 4 个组织（标记为社团 1、社团 2、社团 3、社团 4）的情况。如果有某个学生参与了某一社团，则将矩阵对应交叉处的格值记为"1"，否则记为"0"。从隶属关系矩阵中可以引出关于行动者之间的直接关系和间接关系的信息。由图 2-7 可见，学生 A、D、F 因同时加入社团 1 而产生联系，学生 A、B、C、E 因同时加入社团 2 而产生联系。

	社团1	社团2	社团3	社团4
A	1	1	1	0
B	0	1	0	1
C	0	1	1	0
D	1	0	0	1
E	0	1	0	0
F	1	0	1	1

图 2-7　一个简单的隶属关系矩阵

二、矩阵的基本运算

在社会网络分析中，为了研究行动者之间的关系，很多情况下涉及矩阵的运算。以下简单介绍矩阵的基本运算法则[1]。

（一）矩阵的重排（permutation）

矩阵中的行和列的排列顺序是任意的，只要行和列按照相同顺序排列即可，唯一的信息就是哪些节点对是邻接的。同时调换矩阵的行和列不会使矩阵的信息发生任何改变，并且通过这种调换可以发现矩阵的结构特征或结构模式。对一组对象的重排是指对这些对象重新排列。如果一个集合包含 n 个元素，那么就存在 $n! = n \times (n-1) \times (n-2) \times \cdots \times 2 \times 1$ 种可能的重排方式。矩阵重排时一定要把对应的行和列同时进行重排。在图 2-4 中存在两个派系：（A、B、E）和（B、C、D），但在图 2-5 的矩阵排列没有明确地显示出这两个派系。将节点 C、节点 E 所在的行和列同时进行重排，就可以直观地显示出这两个派系的存在（见图 2-8）。图 2-6 中的行动者集合 {A，B，C，D，E} 共有 $5! = 5 \times 4 \times 3 \times 2 \times 1 = 120$ 种重排方式。在社会网络分析中，矩阵重排经常被用来研究"凝聚子群"（cohesive sub-

---

[1] 戴维·诺克，杨松. 社会网络分析（第2版）[M]. 李兰译. 上海：上海人民出版社, 2012: 113-117.

group）或者"派系"（cliques），也可用于构造"块模型"（blockmodel）。矩阵重排也可用于研究"二分图"（bipartite graph）。二分图中的节点可以分开排列，使所有连线都在不同子集的节点之间。重排矩阵的行和列可以使相同子集中的节点处于相邻的行和列中。总之，矩阵重排是为了找到矩阵中隐含的有规律的关系模式❶。

	A	B	C	D	E
A	-	1	0	0	1
B	1	-	1	1	1
C	0	1	-	1	0
D	0	1	1	-	0
E	1	1	0	0	-

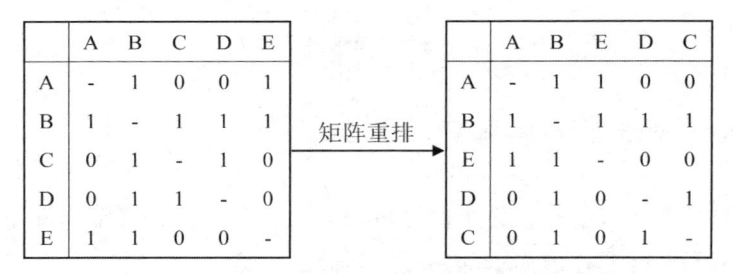

矩阵重排 →

	A	B	E	D	C
A	-	1	1	0	0
B	1	-	1	1	1
E	1	1	-	0	0
D	0	1	0	-	1
C	0	1	0	1	-

图 2-8　图 2-6 中矩阵的重排

（二）矩阵的转置（transpose）

如果将一个矩阵 X 的所有行和列进行调换，就得到该矩阵的转置矩阵，记作 X'，转置矩阵 X' 中的元素记作 x'_{ij}。对于矩阵 X，其转置矩阵 X' 的元素为 $x'_{ij} = x_{ji}$。如果矩阵 X 是对称的，那么 X 与其转置矩阵 X' 是相同的，即 $X' = X$。因此，代表无向关系图的矩阵和其转置矩阵总是相同的，因为对于所有的 i 和 j，都有 $x_{ij} = x_{ji}$。但是，代表有向关系图的矩阵和其转置矩阵不一定是相同的，因为与该图对应的社群矩阵不一定是对称的，换言之，等式 $x_{ij} = x_{ji}$ 对于所有的 i 和 j 不一定都成立。在一个社群矩阵 X 中，x_{ij} 的取值为 1 表示存在由行行动者 i 到列行动者 j 的联系。但是，在其转置矩阵中，x_{ij} 的取值为 1 表示行行动者 i 接收到来自列行动者 j 的联系。对于代表有向关系图的社群矩阵，其转置矩阵表示有向关系图的逆关系，即如果 $x_{ji} = 1$，那么 $x'_{ij} = 1$。图 2-9 是图 2-1 中矩阵的转置。

---

❶ 刘军. 社会网络分析导论 [M]. 北京：社会科学文献出版社，2004：69.

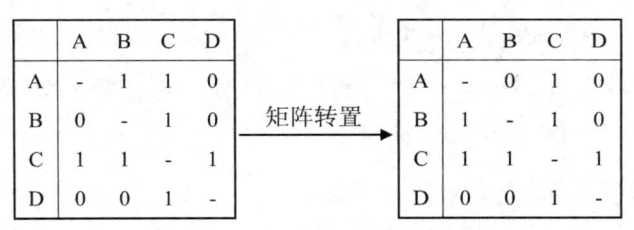

	A	B	C	D
A	-	1	1	0
B	0	-	1	0
C	1	1	-	1
D	0	0	1	-

矩阵转置 →

	A	B	C	D
A	-	0	1	0
B	1	-	1	0
C	1	1	-	1
D	0	0	1	-

图 2-9　图 2-1 中矩阵的转置

（三）矩阵的加法和减法

两个矩阵的规模相同（即矩阵的行数和列数都相同），才能进行矩阵的加法和减法运算。相同规模的两个矩阵的加法运算定义为：两个矩阵的对应元素相加。对于规模都是 $m \times n$ 的矩阵 X 和 Y，定义两者之和为 Z，即 $Z = X + Y$，其中 $z_{ij} = x_{ij} + y_{ij}$。类似地，相同规模的两个矩阵的减法运算定义为：两个矩阵的对应元素相减。对于规模都是 $m \times n$ 的矩阵 X 和 Y，定义两者之差为 Z，即 $Z = X - Y$，其中 $z_{ij} = x_{ij} - y_{ij}$。

（四）矩阵的幂

对于一个规模为 $n \times n$ 的社群矩阵 X，将 X 与 X 的乘积，即 XX，记为 X^2，称为 X 的二次幂。X^2 也是规模为 $n \times n$ 的矩阵。将 X 与 X^2 的乘积，即 XXX，记为 X^3，称为 X 的三次幂。p 个 X 相乘得到 X 的 p 次幂，记为 X^p。

（五）矩阵乘法

矩阵乘法是社会网络分析中一种非常重要的运算，它可用来研究一个图中的线路（walks）和图的可达性（reachability）。考虑两个矩阵：规模为 $m \times n$ 的矩阵 X，规模为 $n \times p$ 的矩阵 Y。矩阵 X 的列数必须与矩阵 Y 的行数相等。定义这两个矩阵的乘积（product）为 $Z = X \times Y$，其中 $Z = \{z_{ij}\}$ 的元素为 $z_{ij} = \sum_{k=1}^{n} x_{ik} \cdot y_{kj}$，即矩阵 Z 中的元素 z_{ij} 等于 X 中的第 i 行与 Y 中

第 j 列的对应元素乘积之和。矩阵 Z 有 m 行 p 列。图 2-1 中的邻接矩阵表达了四个行动者 A、B、C、D 之间的有向关系，即任意两个行动者之间是否存在关系（"1"表示关系的存在，"0"表示关系不存在）。换言之，邻接矩阵表达了哪两个行动者之间是邻接的。图 2-10 计算了该矩阵与其自身的乘积（即计算矩阵的二次幂）。

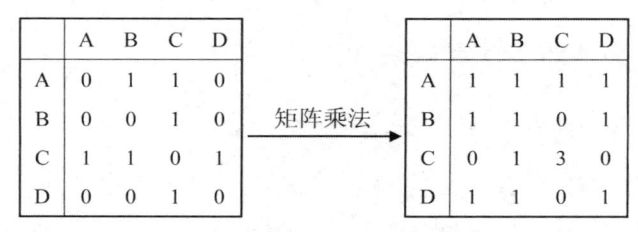

	A	B	C	D
A	0	1	1	0
B	0	0	1	0
C	1	1	0	1
D	0	0	1	0

矩阵乘法

	A	B	C	D
A	1	1	1	1
B	1	1	0	1
C	0	1	3	0
D	1	1	0	1

图 2-10 图 2-1 中矩阵的乘积

（六）布尔矩阵乘法

考虑两个矩阵：规模为 $m \times n$ 的矩阵 X，规模为 $n \times p$ 的矩阵 Y。矩阵 X 的列数必须与矩阵 Y 的行数相等。矩阵 X 与 Y 的常规矩阵乘积为一个新的矩阵 Z。在许多社会网络分析的应用中，仅考虑元素是否非零就足够了，这样的矩阵乘法通常称为布尔矩阵乘法。布尔矩阵乘法产生两个矩阵的布尔代数积，记作 $Z^{\otimes} = X \otimes Y$，布尔代数积 $Z^{\otimes}$ 的元素 $z_{ij}^{\otimes}$ 为 "0" 或 "1"，

其定义为：$z_{ij}^{\otimes} = \begin{cases} 1, & \sum_{k=1}^{n} x_{ik} \cdot y_{kj} \neq 0 \\ 0, & \sum_{k=1}^{n} x_{ik} \cdot y_{kj} = 0 \end{cases}$。因此，如果常规矩阵乘积的元素不等于 0，则布尔代数积的对应元素取值为 1；反之取值为 0。布尔矩阵乘法是构建关系代数的基础，而且也可用于研究图中的线路（walks）和图的可达性（reachability）。

第三章　社会网络的基本概念

在社会网络分析中，各个行动者之间的区别依赖于他们在网络中所占据的位置，而整个网络的结构依赖于个体行动者之间的关系模式。社会网络分析是测量个人结构位置与网络结构形态最主要的工具。本章将介绍社会网络的一些基本概念和基本性质，这些概念对于社会网络分析来说至关重要。

第一节　与"关联性"有关的概念

一、子图

一个图 G 由两组信息组成：①节点集 $N = \{n_1, n_2, \cdots, n_N\}$，$N$ 为节点数（或阶数），记作 $V(G)$；②连线集 $L = \{l_1, l_2, \cdots, l_L\}$，$L$ 为连线数，记作 $E(G)$。一个图也可简记为 $G = <V, E>$。在图中，节点（nodes）代表行动者，连线（lines）代表行动者之间的关系。在图论中，节点也称为顶点（vertices）或点（points），连线也称为边（edges）或弧（arcs）。在无向图中，每条连线是一个无序相异节点对，记作 $l_k = (n_i, n_j)$。在有向图中，每条有向连线是一个有序相异节点对，记作 $l_k = <n_i,$

$n_j>$ 或 $l_k=<n_j,n_i>$。如果连线集 L 中存在一条连线 $l_k=(n_i,n_j)$，则称节点 n_i 与节点 n_j 是邻接的（adjacent），并称节点 n_i 或节点 n_j 与连线 l_k 是关联的（incident）。

图 G 有多种不同的结构和形态。只有一个节点而无连线的图称为平凡图（trivial graph），其他所有的图称为非平凡图（non-trivial graph）。只有 N 个节点而无任何连线（$L=0$）的图称为空图（empty graph）。在社会网络分析中，平凡图对应于只有一个行动者的网络；空图对应于有许多行动者，但行动者之间没有任何联系的网络。平凡图和空图都不是社会网络分析所关注的图的形态。端点重合为同一个节点的连线称为回环（loop）。不允许连线集中有重复的无序节点对，即在同一对节点之间有多条连线（也称"重边"）。既无回环也无重边的图称为简单图（simple graph）。每两个不同节点之间都有一条连线相连的简单图称为完备图（complete graph）。

一个图 G 的子图 G_s 的定义是：如果图 G_s 中的节点集 N_s 是图 G 中的节点集 N 的一个子集（即 $N_s \subseteq N$），并且图 G_s 中的连线集 L_s 是图 G 中的连线集 L 的一个子集（即 $L_s \subseteq L$），则称图 G_s 是图 G 的一个子图。图 G_s 中所有的连线一定是在节点集 N_s 中的节点对之间的连线。然而，由于连线集 L_s 是连线集 L 的一个子集，图 G 中的两个节点 n_i 和 n_j 可能包含在子图 G_s 中，但图 G 中的与这两个节点关联的连线 (n_i, n_j) 不一定包含在子图 G_s 中，即图 G 中可能包含子图 G_s 的连线集 L_s 中没有的连线。

图 3—1（a）、（b）、（c）、（d）给出了一个图 G 及其三个子图 G_{s1}、G_{s2}、G_{s3} 的例子[1]。在图 G 中，节点集 $N=\{n_1, n_2, n_3, n_4, n_5\}$，连线集 $L=\{l_1, l_2, l_3, l_4\}$，其中 $l_1=(n_1, n_2)$，$l_2=(n_1, n_3)$，$l_3=(n_1, n_5)$，$l_4=(n_3, n_4)$。在子图 G_{s1} 中，节点集 $N_{s1}=\{n_1, n_3, n_4\}$，连线集 $L_{s1}=$

---

[1] 斯坦利·沃瑟曼，凯瑟琳·福斯特. 社会网络分析：方法与应用[M]. 陈禹，孙彩虹译. 北京：中国人民大学出版社，2012：71-73.

$\{l_2\}$，该子图不包括连线 $l_4 = (n_3, n_4)$。任何一般子图不可能包括子图节点之间的所有连线。从一个图中至少可以分离出两种特殊类型的子图。一种是抽取节点集 N 的一个子集 N_s 并考虑 N_s 中节点之间的所有连线，这种子图称为节点导出子图（node-generated graph）。另一种是抽取连线集 L 的一个子集 L_s 并考虑与 L_s 中的连线相关联的所有节点，这种子图称为连线导出子图（line-generated graph）。

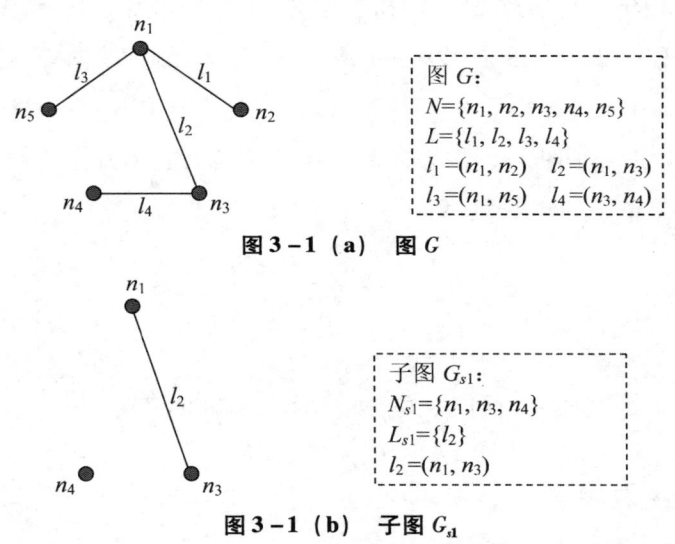

图 G：
$N = \{n_1, n_2, n_3, n_4, n_5\}$
$L = \{l_1, l_2, l_3, l_4\}$
$l_1 = (n_1, n_2)$ $l_2 = (n_1, n_3)$
$l_3 = (n_1, n_5)$ $l_4 = (n_3, n_4)$

图 3-1（a）   图 G

子图 G_{s1}：
$N_{s1} = \{n_1, n_3, n_4\}$
$L_{s1} = \{l_2\}$
$l_2 = (n_1, n_3)$

图 3-1（b）   子图 G_{s1}

如果子图 G_s 包括节点集 N_s 和连线集 L_s，并且连线集 L_s 中包括了存在于节点集 N_s 中的节点对在连线集 L 中的所有连线，则称子图 G_s 是由节点集 N_s 导出的一个节点导出子图。虽然一个子图 G_s 不必包含节点集 N_s 中的节点对之间来自连线集 L 的所有连线，但由节点集 N_s 导出的子图 G_s 必须包含节点集 N_s 中的节点对之间所有来自连线集 L 中已有的连线。社会网络分析者经常利用节点导出子图来寻找网络中存在的一些凝聚子群（cohesive subgroups）。图 3-1（c）中的子图 G_{s2} 是一个由节点集 $\{n_1, n_3, n_4\}$ 导出的子图。在子图 G_{s2} 的连线集 L_{s2} 中，连线 $l_2 = (n_1, n_3)$ 和 $l_4 = (n_3, n_4)$ 都包含在内，因为节点导出子图包含其节点对之间在原图 G 中的所有连线。

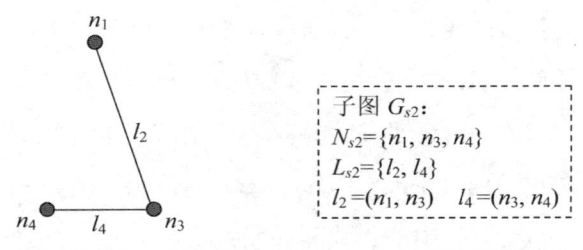

图 3-1（c）　由节点集 $\{n_1, n_3, n_4\}$ 导出的子图 G_{s2}

如果子图 G_s 包括节点集 N_s 和连线集 L_s，并且节点集 N_s 包含来自节点集 N 的与连线集 L_s 中的连线相关联的所有节点，则称子图 G_s 是由连线集 L_s 导出的一个连线导出子图。图 3-1（d）中的子图 G_{s3} 是一个由连线集 $\{l_2, l_3\}$ 导出的子图，子图 G_{s3} 的节点集 N_{s3} 包含原图 G 中与连线 l_2 和 l_3 相关联的所有节点，所以节点集 $N_{s3} = \{n_1, n_2, n_5\}$。

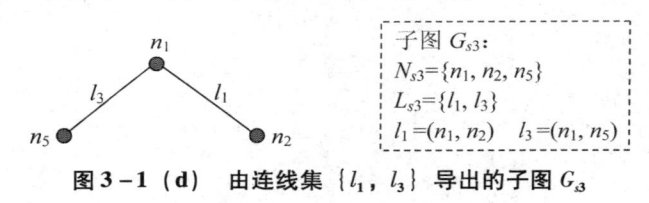

图 3-1（d）　由连线集 $\{l_1, l_3\}$ 导出的子图 G_{s3}

二、二方组

一种关系至少涉及一对行动者，"关系"是"该对行动者"的内在属性，而不是其中某个行动者的属性，不能简单地把这种属性归因于单个行动者。"二方关系"是社会网络分析的基本单位，常用"二方关系"来分析一对行动者之间的关系，如关系是单向的还是双向的、是二值的还是多值的。

一个二方组（dyad）是由一对行动者（或节点）及他们之间可能存在的关系（或连线）构成的节点导出子图。换言之，一个二方组包含一对行动者之间的无序对及他们之间存在的连线。一个由行动者 i 和 j 构成的二方组记为 $D_{ij} = (X_{ij}, X_{ji})$，$i \neq j$。要求无序对中第一个行动者的下标小于第二个行动者的下标，即 $i < j$。在一个由 g 个行动者构成的网络中存在多个二

方组。具体地说,在一个无向关系网络中,可能存在 $C_g^2 = g(g-1)/2$ 个无序二方组;在一个有向关系网络中,可能存在 $g(g-1)$ 个有序二方组。

对无向关系来说,二方组只可能存在两种同构类:$D_{ij} = (0, 0)$ 和 $D_{ij} = (1, 1)$。对有向关系来说,二方组可能存在三种同构类:虚无对 $D_{ij} = (0, 0)$,即二者之间无关联;不对称对 $D_{ij} = (1, 0)$ 或者 $D_{ij} = (0, 1)$,即二者之间存在单向关系;互惠对 $D_{ij} = (1, 1)$,即二者之间存在双向关系(见图3-2)。在一个有向关系网络中,可能存在 $g(g-1)$ 个二方组,将其中包含的互惠对(mutual dyad)、不对称对(asymmetric dyad)和虚无对(null dyad)的数目分别记作 M、A、N,则有 $M + A + N = g(g-1)$,因为这三个同构类是二方组集合的一个完全划分,并将 $<M, A, N>$ 称为二方谱,因为它包含了网络中所有可能存在的二方组❶。

n_1 ●　　　　● n_2　　　$D_{ij}=(0, 0)$

n_1 ●―――● n_2　　　$D_{ij}=(1, 1)$

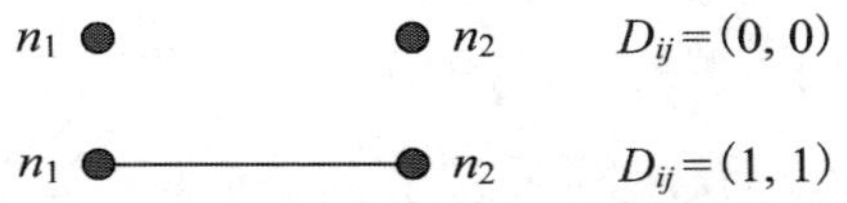

图3-2(a)　无向关系的二方谱系图

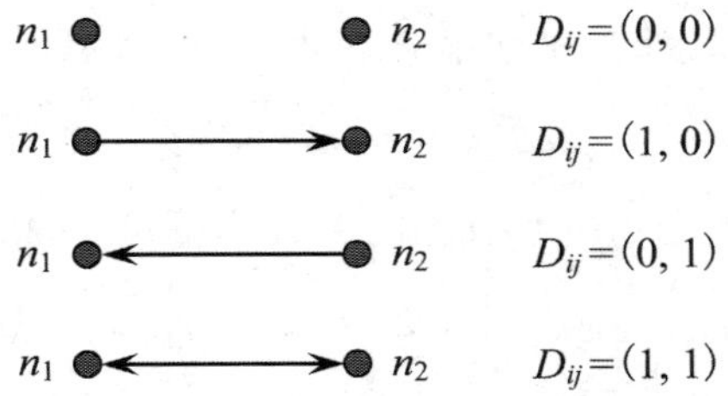

n_1 ●　　　　● n_2　　　$D_{ij}=(0, 0)$

n_1 ●――→● n_2　　　$D_{ij}=(1, 0)$

n_1 ●←――● n_2　　　$D_{ij}=(0, 1)$

n_1 ●←―→● n_2　　　$D_{ij}=(1, 1)$

图3-2(b)　有向关系的二方谱系图

三、三方组

一个三方组(triad)是由三个行动者(或节点)及他们之间可能存在的关系(或连线)构成的节点导出子图。对于无向关系来说,三方组可能有4

---

❶ 斯坦利·沃瑟曼,凯瑟琳·福斯特. 社会网络分析:方法与应用[M]. 陈禹,孙彩虹译. 北京:中国人民大学出版社,2012:370-372.

种状态，并存在 4 种同构类。对于有向关系来说，三方组可能有 64 种状态，并存在 16 种同构类。Holland 等（1970）提出了一个描述这 16 种同构类的标记方法，每一种同构类都由 4 个符号组成的标记来表示，这 4 个符号分别是：

①第一个数字给出三方组中互惠对的数目；

②第二个数字给出三方组中不对称对的数目；

③第三个数字给出三方组中虚无对的数目；

④第四个字母（如果需要）对相似的两个三方组进行区分。

例如，012 是指互惠对为零，有一个不对称对和两个虚无对。030 有两个相似的三方组，都包含三个不对称对。为了进行区分，其后分别附加标记"T"和"C"，即 030T 和 030C。"T"代表"传递关系"（Transitivity），"C"代表"循环关系"（Cycle）。还有两个符号"D"和"U"的含义分别是："D"代表"向下关系"（Down），"U"代表"向上关系"（Up）。

在一个有 g 个节点的有向关系网络中，可能存在的 C_g^3 个三方组中的每一个都属于这 16 种同构类中的一种。可以用 T_U 表示属于同构类 U 的三方组的数目，U 是图 3-3（b）中列出的 16 种同构类的标记。例如，T_{012} 表示属于 012 同构类的数目，T_{021U} 表示属于 021U 同构类的数目。这样，就可以用一个 16×1 维列向量 T 表示所有可能的 16 个同构类的数目，记为 $T = (T_{003}, T_{012}, T_{102}, T_{021D}, T_{021U}, T_{021C}, T_{111D}, T_{111U}, T_{030T}, T_{030C}, T_{201}, T_{120D}, T_{120U}, T_{120C}, T_{210}, T_{300})^T$。其中，$T$ 中元素的次序与以下标表示的同构类的次序相匹配。列向量 T 称为三方谱系（triad census），其中包含的 16 个元素的总和为 C_g^3，它给出了有向图中所有三方组的完全划分❶。

图 3-3（a）　无向关系的三方谱系图

---

❶　斯坦利·沃瑟曼，凯瑟琳·福斯特. 社会网络分析：方法与应用 [M]. 陈禹，孙彩虹译. 北京：中国人民大学出版社，2012：410-412.

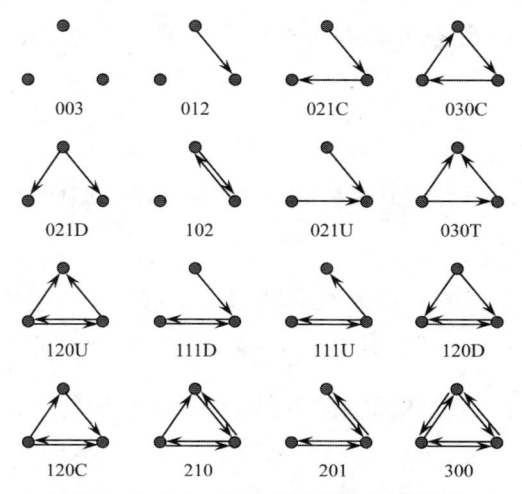

图 3-3 (b)　有向关系的三方谱系图

Granovetter（1973）提出了"禁现三方关系"（forbidden triad）假设[1]，即"如果行动者 A 和 C 存在强关系，行动者 B 和 C 也存在强关系，那么行动者 A 和 B 不存在关系的情况不会发生。换言之，行动者 A 和 B 之间的关系至少是弱关系。"Friedkin（1980）进一步细化了该研究的假设[2]：①如果行动者 A 和 C 的关系、行动者 B 和 C 的关系都是强关系，那么行动者 A 和 B 存在关系（强关系或者弱关系）的概率最大；②如果行动者 A 和 C 的关系是强关系、行动者 B 和 C 的关系是弱关系，那么行动者 A 和 B 存在关系的概率居中；③如果行动者 A 和 C 的关系、行动者 B 和 C 的关系都是弱关系，那么行动者 A 和 B 存在关系的概率最小（见图 3-4）。

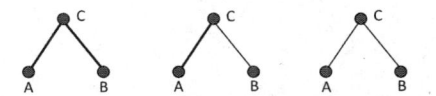

图 3-4　禁现三方关系图

（图中粗线表示强关系，细线表示弱关系）

---

[1] Granovetter M. The strength of weak ties [J]. American Journal of Sociology, 1973, 78: 1287-1303.

[2] Friedkin N E. A test of structure features of Granovetter's Strength of Weak Ties Theory [J]. Social Networks, 1980, (2): 411-422.

案例分析 3-1 是三方关系组方法应用于引用网络结构研究中的一个例子。

※案例分析 3-1：三方关系组方法在引用网络结构分析中的应用❶

本研究是基于三方关系组的不同结构类型对作者引用网络进行分析。在引用关系网络中，多个作者之间存在的引用关系，可以分解为若干个三人引用关系，这些三人构成的关系就是社会网络分析中的三方关系组（triad），这种分析方法对于研究作者引用关系具有重要的借鉴意义。以下针对不同类型的三方关系组在作者引用关系中的意义进行说明。图 3-3（b）是 16 种可能出现的三方关系组。在作者引用网络中可能出现全部的 16 种三方关系。用箭头表示作者之间的引用关系（假定"A→B"表示"B 引用 A"），其中 003 表示三人之间完全没有关系，012 和 102 实质上是两人之间的关系，这三种都是特殊类型的三方关系。其余 13 种三方关系代表三人之间所产生的关系，从结构上可划分为非封闭三方关系和封闭三方关系两组 5 个类型（见表 3-1）。

表 3-1　13 种三方关系的不同类型

组别	类型	标记
非封闭三方关系组	基础型	021D
		021U
		021C
	发展型	111D
		111U
		201

---

❶ 董克，刘德洪，江洪. 基于三方关系组的引用网络结构分析 [J]. 情报理论与实践，2010，33（11）：50-53.

续表

组别	类型	标记
封闭三方关系组	传递型	030T
		120D
		120U
	循环型	030C
	综合型	120C
		210
		300

非封闭三方关系表示三人之间的交流存在一定的缺失，其中的基础型是所有三方关系中最简单的形态。021D、021U 与 021C 表示两两之间不存在相互引用关系，互相交流程度较低，中间节点在关系中处于核心地位，其他两个节点处于从属地位。021D 构成了最简单的文献耦合关系，而 021U 则代表了共被引的最简单形态，021C 是一个单向的信息流动过程。发展型是基础形态最简单的扩充，111D、111U 和 201 这三种发展型三方关系与基础型相比，均有一个相互引用的关系对，表明作者之间的关系相对紧密，但仍然存在彼此之间无交流的情况，不能构成一个完整的引用关系环。

封闭三方关系表示三人之间均存在直接的交流，与非封闭三方关系相比，交流的程度有所提高。030T、120D 和 120U 三种类型体现了一种引用关系的传递。援引社会网络理论"禁现三方关系"（forbidden triad）假设，三人中如果 A 引用了 B，B 引用了 C，那么就会出现 A 引用 C 的情况，这个假设在引用网络中并不一定成立，但其特定的形态构成了一个类型，即引用关系的传递性类型。030C 体现了引用关系之间的循环，在这类结构中，每个人既充当了信息的产生者，同时也充当了信息的传递者，属于比较典型的知识交流团体。120C、210 和 300 三种三方关系既包含了关系的传递，也包含了关系的循环，属于具有综合特征的三方关系类型。210 和

300 所包含的关系数量是 13 种三方关系中最多的，它们是比较理想的知识交流模型；300 表示三人之间的关系最为紧密，它是"无形学院"产生的重要基础。

第二节 与"距离"有关的概念

一、节点的度数

一个节点 n_i 的度数（nodal degree）表示为 $d(n_i)$，它既是与该节点邻接的节点的个数，也是与该节点关联的连线的条数。如果两个节点由一条连线相连，则称这两个节点是"邻接的"（adjacent）。"邻接"是对两个行动者直接相关的图论表达。如果一个节点的度数为 0，则称为"孤立点"（isolate）。在一个有向图中，一个节点可邻接至（adjacent to）也可邻接自（adjacent from）另一个节点，这取决于连线的"方向"，需要分别考虑这两种情况。前者表明行动者作出"选择"的倾向，后者则表明其接收"选择"的倾向。一个节点 n_i 的点入度 $d_I(n_i)$，是邻接至 n_i 的节点数；一个节点 n_i 的点出度 $d_O(n_i)$，是邻接自 n_i 的节点数。第二章的图 2-1 中邻接矩阵的"行总和"指的是该节点的点出度，而"列总和"指的是该节点的点入度。

由于每个图中的每条连线都连接着两个节点，所以节点的"度数和"一定是连线数 L 的 2 倍。有时需要计算出点度数的一些汇总统计量。例如，平均节点度数（mean nodal degree）测量的是一个图中所有节点的度数的平均值，其计算公式为 $\bar{d} = \frac{\sum_{i=1}^{N} d(n_i)}{N} = \frac{2L}{N}$，其中 N 代表网络的规模，$\bar{d}$ 代表平均节点度数，$d(n_i)$ 代表节点 n_i 的度数，L 是网络图中连线的总数。点入

度平均值 $\bar{d}_I$ 测量的是一个图中所有节点的点入度的平均值，其计算公式为 $\bar{d}_I = \frac{\sum_{i=1}^{N} d_I(n_i)}{N}$。点出度平均值 $\bar{d}_O$ 测量的是一个图中所有节点的点出度的平均值，其计算公式为 $\bar{d}_O = \frac{\sum_{i=1}^{N} d_O(n_i)}{N}$。有时可能关注的是点度数的方差（variance of nodal degrees），其计算公式为 $S_D^2 = \frac{\sum_{i=1}^{N} [d(n_i) - \bar{d}]^2}{N}$。点度方差是测量整体网的中心化趋势（简称中心势）的基础。

以下分别针对四种类型的社群图：无向二值图、有向二值图、无向赋值图、有向赋值图，具体介绍节点度数的测量方法，这种测量方法既可用于整体网，也可用于自我中心网[1]。

（1）图3-5（a）是一个无向二值图，每一个节点的度数分别为：d（A）=4，d（B）= d（C）= d（D）= d（E）=3，则该图的平均节点度数 $\bar{d} = \frac{4+3+3+3+3}{5} = \frac{16}{5} = 3.2$。

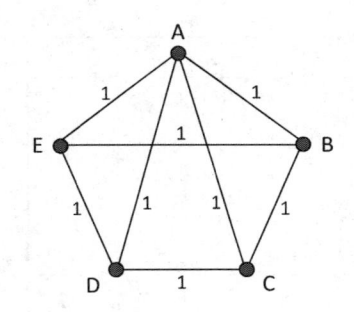

	A	B	C	D	E	点度数
A	-	1	1	1	1	4
B	1	-	1	0	1	3
C	1	1	-	1	0	3
D	1	0	1	-	1	3
E	1	1	0	1	-	3
点度数	4	3	3	3	3	

图3-5（a） 一个无向二值图及其邻接矩阵

（2）图3-5（b）是一个有向二值图，表示一个朋友提名网络，其中A提名B和E作为朋友，但并没有其他人提名A作为朋友。因此，A的点

---

[1] 戴维·诺克，杨松. 社会网络分析（第2版）[M]. 李兰译. 上海：上海人民出版社，2012：95-98.

入度 d_I（A）=0，但点出度 d_O（A）=2。虽然一个行动者的点入度和点出度会有差别，但整体网的点入度平均值 $\bar{d}_I$ 和点出度平均值 $\bar{d}_O$ 总是相等的，因为整体网的点入度测量指向所有行动者的连线总数，而点出度测量从所有行动者发出的连线总数，并且点入度和点出度测量的连线集是相同的，则有 $\sum_{i=1}^{N} d_I(n_i) = \sum_{i=1}^{N} d_O(n_i) = L$，可以得出 $\bar{d}_I = \bar{d}_O = \frac{L}{N}$。由于行动者 A、B、C、D、E 的点入度分别为：d_I（A）=0，d_I（B）=2，d_I（C）=1，d_I（D）=1，d_I（E）=3。他们的点出度分别为：d_O（A）=2，d_O（B）=1，d_O（C）=1，d_O（D）=2，d_O（E）=1。点入度和点出度的总和均为7，因此网络的平均节点度数 $\bar{d} = \frac{7}{5} = 1.4$。点出度测量的是扩展程度（expansiveness），而点入度测量的是接纳程度（receptivity）或受欢迎程度（popularity）。如果考虑"友谊关系"的社会计量关系，一个有较大点出度的行动者是喜欢结交朋友的人，而一个有较小点出度的行动者结交的朋友较少。一个有较大点入度的行动者是很多人都喜欢与之交往的人，而一个有较小点入度的行动者被较少的人选做朋友❶。

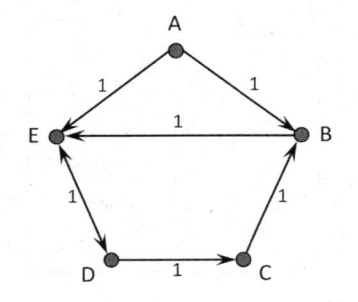

	A	B	C	D	E	点出度
A	-	1	0	0	1	2
B	0	-	0	0	1	1
C	0	1	-	0	0	1
D	0	0	1	-	1	2
E	0	0	0	1	-	1
点入度	0	2	1	1	3	

图 3-5（b） 一个有向二值图及其邻接矩阵

（3）计算无向赋值图的节点度数的简化方法是：将无向赋值图中所有非零值替换为1，即将无向赋值图转换为无向二值图，然后采用无向二值

---

❶ 斯坦利·沃瑟曼，凯瑟琳·福斯特. 社会网络分析：方法与应用[M]. 陈禹，孙彩虹译. 北京：中国人民大学出版社，2012：92.

图的计算方法,这一方法忽略了赋值图中连线的关联强度。戴维·诺克和杨松(2012)推荐了两个概括的计算方法[1]:

①求和法。将一个行动者的所有连线的数值相加,得到该行动者的赋值节点度数。将所有行动者的赋值节点度数相加,然后用这一总和除以行动者的人数,即可得到无向赋值图的平均节点度数。图 3 – 5(c)是一个无向赋值图,行动者 A、B、C、D、E 的赋权节点度数分别为 5、13、7、5、12。因此该图的平均节点度数 $\bar{d} = \frac{5+13+7+5+12}{5} = \frac{42}{5} = 8.4$。在以下两种相反的情形之下,求和法会产生较高的节点度数。行动者连线的赋值较低,但连线的数量较多;行动者连线的数量较少,但连线的赋值较高。例如,对于一个朋友关系网络而言,连线的赋值表示朋友关系的关联强度。第一种情形下,一个人有许多关系疏离的朋友;第二种情形下,一个人仅有少许关系密切的朋友。用求和法计算这两种节点的节点度数,将会得到同样的较高的数值,因此不能将二者区分开来。

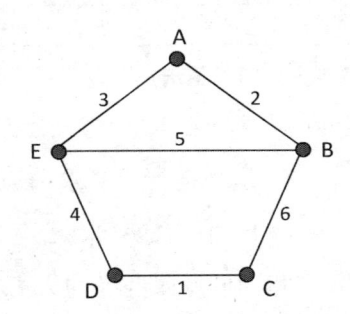

	A	B	C	D	E	点度数
A	-	2	0	0	3	5
B	2	-	6	0	5	13
C	0	6	-	1	0	7
D	0	0	1	-	4	5
E	3	5	0	4	-	12
点度数	5	13	7	5	12	

图 3 – 5(c) 一个无向赋值图及其邻接矩阵(求和法)

②均值法。它将赋值的连线的数量考虑进来,将一个行动者的所有连线的数值相加,然后用这一总和除以连线的总数。因此,均值法可计算与行动者直接关联的线条的平均赋值。均值法可以区分上述两种情形。用均

---

[1] 戴维·诺克,杨松. 社会网络分析(第2版)[M]. 李兰译. 上海:上海人民出版社,2012:96-99.

值法计算行动者 A、B、C、D、E 的赋权节点度数分别为 2.5、4.3、3.5、2.5、4（见图 3-5（d））。再考虑一个更加明显的例子：假定行动者 X 有 5 个关系疏离的朋友，每个朋友关系的赋值为 1；行动者 Y 只有 2 个关系紧密的朋友，每个朋友关系的赋值都较高，分别是 2 和 3。用求和法计算行动者 X 和 Y 的节点度数均为 5。用均值法计算将会各得到一个平均数，行动者 X 的平均点度数为 $\frac{1+1+1+1+1}{5}=1$，而 Y 的平均点度数为 $\frac{2+3}{2}=2.5$。行动者 Y 的平均点度数高于 X，说明 Y 比 X 有着更为紧密的朋友关系。

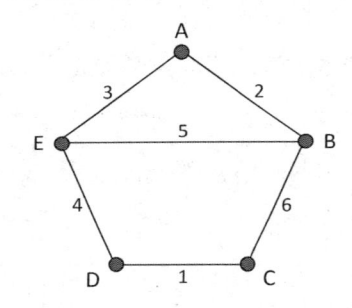

	A	B	C	D	E	点度数
A	-	2	0	0	3	2.5
B	2	-	6	0	5	4.3
C	0	6	-	1	0	3.5
D	0	0	1	-	4	2.5
E	3	5	0	4	-	4
点度数	2.5	4.3	3.5	2.5	4	

图 3-5（d） 一个无向赋值图及其邻接矩阵（均值法）

（4）计算有向赋值图的节点度数时，需要使用点入度和点出度，因此必须考虑关系的方向性。图 3-5（e）和图 3-5（f）是分别利用"求和法"和"均值法"计算得到的 5 个行动者 A、B、C、D、E 的点入度和点出度的结果。使用"均值法"计算，行动者 B、D、E 有相同的点入度（均为 4），表明三者受欢迎的程度相同。使用"求和法"计算，行动者 B、D、E 的点入度分别是 8、4、12，呈现出较陡的层次差别，其中 E 最受欢迎，B 次之，D 位于最末。行动者 E 得到程度不等的最多提名，因此"求和法"将 E 视为最受欢迎的节点。而"均值法"强调的是连线的平均赋值，虽然行动者 D 只得到一次提名，但其关系具有较高的赋值，因此 D 的排名与 E 和 B 相同。

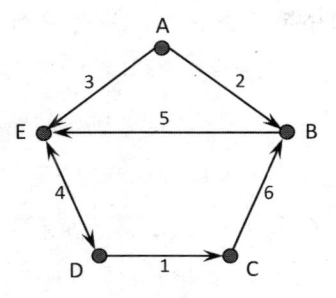

	A	B	C	D	E	点出度
A	-	2	0	0	3	5
B	0	-	0	0	5	5
C	0	6	-	0	0	6
D	0	0	1	-	4	5
E	0	0	0	4	-	4
点入度	0	8	1	4	12	

图3-5（e） 一个有向赋值图及其邻接矩阵（求和法）

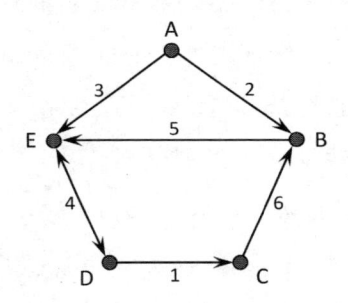

	A	B	C	D	E	点出度
A	-	2	0	0	3	2.5
B	0	-	0	0	5	5
C	0	6	-	0	0	6
D	0	0	1	-	4	2.5
E	0	0	0	4	-	4
点入度	0	4	1	4	4	

图3-5（f） 一个有向赋值图及其邻接矩阵（均值法）

二、线路、轨迹和路径

给定一个图 $G = <V, E>$，设 $n_0, n_1, \cdots, n_k \in V$，$l_1, l_2, \cdots, l_k \in E$，其中 l_i 是关联于节点 n_{i-1}, n_i 的连线，即 $l_i = (n_{i-1}, n_i)$，点线交替序列 $n_0 l_1 n_1 l_2 \cdots l_k n_k$ 称为联结 n_0 到 n_k 的"线路"（walks），记为 W。线路中连线的数目 k 称为线路的长度（length of a walk）。节点 n_0、n_k 分别称为线路的"起点"（origin）和"终点"（terminus）。起点和终点可以不是同一个节点。另外，某些节点可以在线路中出现两次，某些连线也可以在线路中出现两次。如果一条线路的起点和终点是同一节点（即 $n_0 = n_k$），则该线路称为"回路"（closed walk）。在简单图中一条线路 $n_0 l_1 n_1 l_2 \cdots l_k n_k$ 可由它的节点序列 $n_0 n_1 \cdots n_k$ 确定，所以简单图中线路可由其节点序列 $n_0 n_1 \cdots n_k$ 表示。在有向图中，节点数 >1 的一条线路也可由连线序列 $l_1 l_2 \cdots l_k$ 表示。

如果一条线路中所有的连线 l_1，l_2，…，l_k 均不相同，则该线路称为"轨迹"（trails），记为 T。一条轨迹中的连线不可以重复，但其中的节点可以重复。如果一条线路中所有的节点 n_0，n_1，…，n_k 均不相同，则该线路称为"路径"（paths），记为 P。一条路径中的各条连线和各个节点都没有重复。一条路径中连线的数目称为该路径的长度（length of a path）。如果两个节点 n_i，n_j 之间存在一条路径，则称节点 n_i 和节点 n_j 是相互可达的。除了起点和终点是同一个节点（即 $n_0 = n_k$）以外，其余的节点均不相同的回路称为"环"（cycle）。一个不包含任何环的图称为"无环图"（acyclic graph）。可见，任何"路径"都是"轨迹"，任何"轨迹"都是"线路"。"线路"和"轨迹"可以多次经过一个节点，但"路径"不可以多次经过同一个节点。

在图 3-6 所示的无向图中有多条线路，例如：①W = $n_4 l_4 n_3 l_3 n_2 l_3 n_3$，长度为 3；②W = $n_3 l_3 n_2 l_1 n_1 l_2 n_3 l_4 n_4 l_5 n_5$，长度为 5；③W = $n_3 l_4 n_4 l_5 n_5$，长度为 2。一条轨迹是：T = $n_3 n_1 n_2 n_3 n_4$，长度为 4。一条路径是：P = $n_5 n_4 n_3 n_1 n_2$，长度为 4。一条回路是 $n_5 n_4 n_3 n_1 n_3 n_4 n_5$。一个环是 $n_1 n_2 n_3 n_1$。在一个有向图中，需要考虑方向性。在图 3-7 所示的有向图中有多条线路，例如：①W = $n_4 n_3 n_2 n_3$，长度为 3；②W = $n_5 n_4 n_3$，长度为 2；但是，W = $n_3 n_2 n_1 n_3 n_4 n_5$ 不是线路，W = $n_3 n_4 n_5$ 也不是线路。一条轨迹是：T = $n_1 n_3 n_2 n_1$，长度为 3。一条路径是：P = $n_5 n_4 n_3 n_2 n_1$，长度为 4。一条回路是 $n_4 n_3 n_2 n_3 n_4$。一个环是 $n_1 n_3 n_2 n_1$。

图 3-6 一个无向图中的线路、轨迹和路径

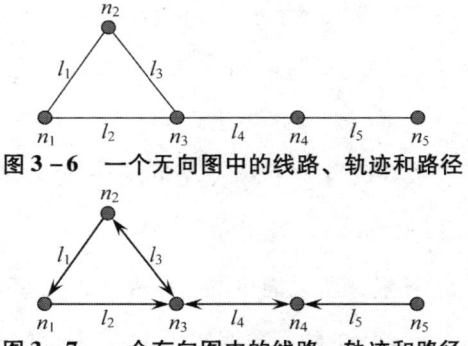

图 3-7 一个有向图中的线路、轨迹和路径

三、捷径、距离和直径

在给定的两个节点之间可能存在长度不等的多条路径。"捷径"(geodesics)是指两个节点之间长度最短的路径,也称为"测地线"或"短程线"。如果两个节点之间存在多条最短路径,则这两个节点之间存在多条捷径。"距离"(distance)是指两个节点之间捷径的长度,即连接这两个节点的最短路径的长度。将节点 n_i 与 n_j 之间的距离记为 $d(n_i, n_j)$,并且对于无线图满足等式:$d(n_i, n_j) = d(n_j, n_i)$。如果两个节点之间是不可达的(即两个节点之间不存在一条路径),则称这两个节点之间的距离是"无限的"(或者"无定义的")。在一个不关联图中至少有一对节点之间的距离是无限的。图 3-6 中的节点 n_2 与 n_5 之间的捷径是 $l_5 l_4 l_3$,而不是 $l_5 l_4 l_2 l_1$。节点 n_2 与 n_5 之间的距离 $d(n_2, n_5) = 3$。图的"直径"(diameter)是指图中任何一对节点之间最长的捷径的长度,即 $\max d(n_i, n_j)$。在有向图中需要考虑方向性,即从节点 n_i 到节点 n_j 的路径,可能不同于从节点 n_j 到节点 n_i 的路径。因此,有向图中的两个节点之间的捷径、距离和图的直径都会因方向的不同而不同。

以下分别针对四种类型的社群图:无向二值图、有向二值图、无向赋值图、有向赋值图,具体介绍"捷径"的测量方法❶。在图3-5(a)所示的无向二值图中,节点 A 和节点 B 之间有许多条路径,例如:①W = AB,长度为1;②W = ACB,长度为2;③W = AEB,长度为2;④W = ADCB,长度为3;⑤W = ACDEB,长度为4;⑥W = AEDCB,长度为4;其中,最短路径(AB)的长度为1,因此节点 A 和 B 之间的距离为 $d(A, B) = 1$。图3-5(a)中包含10个节点对(即 $C_5^2 = (5 \times 4)/2 = 10$)。这10个节点对之

---

❶ 戴维·诺克,杨松. 社会网络分析(第2版)[M]. 李兰译. 上海:上海人民出版社,2012:99-101.

间的距离，依两点之间是否直接相连而不同。例如，$d(A, B) = 1$，$d(C, E) = 2$（节点 C 和 E 之间的最短路径是 CDE、CBE 或 CAE）。

在图 3-5（b）所示的有向二值图中，从节点 A 到节点 B 有两条路径：①P = AB，长度为 1；②P = AEDCB，长度为 4；但是，AEB 不是一条路径。其中，最短路径是 AB，因此从节点 A 到节点 B 的距离为 $d(A, B) = 1$。由于从节点 B 到节点 A 是不可达的，因此从节点 B 到节点 A 的距离是无限的。分析有向图中节点之间的距离，在网络研究中有许多实际的应用，例如，绘制一个行动者群体之间的交流网络图。假定图 3-5（b）表现了一个五人之间的交流网络，行动者 A 可以直接向行动者 B 发送信息，或者通过行动者 E、D、C 向行动者 B 间接地发送信息。但是，通过中介传送信息容易延误或者歪曲，因此正如对从行动者 A 到行动者 B 的距离分析所发现的，行动者 A 最有可能与行动者 B 直接交流。而行动者 B 既不能直接也不能间接地向行动者 A 发送信息。实际上，行动者 A 只能充当一个信息发送者，而不能作为一个信息接受者，因为没有人与行动者 A 交流。这个例子生动地描述了信息的流动并非是互惠的。

计算赋值图中节点之间距离的简化方法是：将赋值图中所有非零值替换为 1，即首先将赋值图转换为二值图，然后采用二值图的计算方法，但这一方法忽略了这些赋值所提供的丰富信息。戴维·诺克和杨松（2012）提出了一个解决方法[1]：利用路径长度和路径赋值来测量赋值图中两个节点之间的距离。这一方法的大致计算步骤如下：①找出两个节点之间所有的路径；②找出每一条路径的最小赋值；③用最小赋值除以每一条路径的长度；④从步骤③的结果中挑选出最高的平均路径赋值，该值就是一个赋值图中两个节点之间的距离。该方法假定：较长的路径最容易使信息受到

---

[1] 戴维·诺克，杨松. 社会网络分析（第 2 版）[M]. 李兰译. 上海：上海人民出版社，2012：100 – 101.

延迟和扭曲,而最短的路径对于双向交流来说等同于瓶颈路段。

上述方法可用于计算无(有)向赋值图中两个节点之间的距离,应用于有向赋值图时必须将连线的方向考虑在内。在图3-5(c)所示的无向赋值图中,节点 A 和 B 之间有三条路径:①P = AB,路径长度为1,最小赋值为2,平均路径赋值为2/1 = 2;②P = AEB,路径长度为2,最小赋值为3,平均路径赋值为3/2 = 1.5;③P = AEDCB,路径长度为4,最小赋值为1,平均路径赋值为1/4 = 0.25;选择最高的平均路径赋值2,则节点 A 和 B 之间的距离为2,因此最佳路径就是 AB。在图3-5(e)所示的有向赋值图中,从节点 A 到节点 B 有两条路径:①P = AB,路径长度为1,最小赋值为2,平均路径赋值为2/1 = 2;②P = AEDCB,路径长度为4,最小赋值为1,平均路径赋值为1/4 = 0.25;选择最高的平均路径赋值2,则从节点 A 到节点 B 的距离为2。然而,由于从节点 B 到节点 A 是不可达的,因此从节点 B 到节点 A 的距离是无限大的。

四、密度

图的"密度"(density)是图中实际存在的连线数占最大可能的连线数的比例。在一个有 N 个节点的无向图中,最大可能的连线数为 $N(N-1)/2$。设图中实际的连线数为 L,那么,无向图的密度的计算公式为 $\Delta = \frac{L}{N(N-1)/2} = \frac{2L}{N(N-1)}$。在一个有 N 个节点的有向图中,最大可能的连线数为 $N(N-1)$,设图中实际的连线数为 L,那么,有向图的密度的计算公式为 $\Delta = \frac{L}{N(N-1)}$。可见,对于固定规模的图来说,图中节点之间的连线越多,则该图的密度就越大。密度测量了图中各个节点之间联系的紧密程度。

图的密度的取值范围为[0,1],空图的密度为0,完备图的密度为

1,其他所有图的密度都介于 0~1。只有 N 个节点而无任何连线（$L=0$）的图称为空图（empty graph）。如果图中的连线数为最大可能的连线数，即图中任意两个节点之间都是邻接的，则该图称为完备图（complete graph）。一个无线完备图包括所有可能的 $N(N-1)/2$ 条连线，其所有节点的度数都是 $(N-1)$。根据图密度的差异可将图划分为不同的类型。例如，

① 全联图：任意两个节点都相关联的图，即完备图。
② 高密图：有较多的节点相关联（或总节点度较高）的图。
③ 低密图：有较少的节点相关联（或总节点度较低）的图。
④ 无联图：节点之间无关联（或只有孤立节点）的图❶。

图的密度除了与实际连线数直接相关以外，还与图的内含度和总节点度有关。内含度（inclusiveness）是指相关联的节点数占总节点数的比例。换言之，一个图的内含度是指除了孤立节点以外的节点数占总节点数的比例。例如，对于一个有 5 个孤立节点的 20 点图，其内含度为 $(20-5)/20 = 0.75$。孤立节点不与任何连线相关联，因此对图的密度没有任何贡献。所以，一个图的内含度越高，该图的密度就越大。总节点度是指图中所有节点的度数之和，在数值上等于图中连线数 L 的 2 倍。表 3-2 比较了 6 种 4 点图的密度，从中可以看出图的密度如何随内含度和总节点度而变化❷。

表 3-2　6 种 4 点图密度的比较

连通点数	4	4	4	3	2	0
内含度	1.00	1.00	1.00	0.75	0.50	0

---

❶ 林聚任. 社会网络分析：理论、方法与应用 [M]. 北京：北京师范大学出版社，2009：93-95.

❷ 约翰·斯科特. 社会网络分析法（第 2 版）[M]. 刘军译. 重庆：重庆大学出版社，2009：33-51.

续表

总节点度	12	8	6	4	2	0
连线数	6	4	3	2	1	0
密度	1.00	0.67	0.50	0.33	0.17	0

图密度的测量还依赖于图的规模，因此不同规模的图的密度难于比较，但相同规模的图的密度是可以进行比较的。相同规模的图的密度因连线数不同而各异，但它们的连线数都可以与完备图的连线数进行比较，实际图的连线数通常少于理论上的最大连线数（即完备图中的连线数）。如果行动者能够保持的关系数目（即节点度数）有一个上限，那么整个网络中的连线总数就要受到节点度数的限制。因此，在其他因素不变的情况下，大规模网络的密度要小于小规模网络的密度。

Mayhew 和 Levinger（1976）认为：一个人用于维持某些关系的时间是有限的，投入到维持某个关系的时间更为有限，并且随着交往人数的增加，投入到每个人的时间就会减少。因此，当认为回报减少并且代价太大时，行动者就会决定停止发展新的关系。行动者能够维持交往的关系数目，将随着网络规模的增大而减少，有限的时间也会限制网络密度的增加。在实际网络图中能发现的最大密度值约为0.5[1]。

密度是测量一个群体的结构形态的重要指标之一，也是团体研究中最常用到的一个概念。一个团体既可以有紧密关系也可以有疏离关系，紧密团体的社会行为十分不同于疏离团体。一般来说，关系紧密的团体合作行为较多，信息流通比较容易，团体工作绩效也会较高，而关系十分疏远的团体则常有信息沟通不畅、情感支持太少、工作满意程度较低等问题[2]。

---

[1] 刘军. 社会网络分析导论 [M]. 北京：社会科学文献出版社，2004：106.
[2] 罗家德. 社会网分析讲义（第2版）[M]. 北京：社会科学文献出版社，2010：228.

第四章 中心性分析

"中心性"是社会网络分析中的一个重要的且常用的概念之一,它测量了行动者在其社会网络中所处的核心地位及权力影响,反映了行动者在社会网络结构中的位置或优势的差异。中心性是社会网络分析者最早探讨的内容之一,最初体现于社会计量学的概念"明星"中。所谓"明星"是指那位在其群体中最受欢迎,或者最受人们关注的中心人物[1]。"中心性分析"是建立在"度数"或者"距离"等概念基础上,用以评价一个节点的重要程度或其在网络中的地位及其权利影响。中心性的度量指标主要有3个:点度中心度(degree centrality)、中介中心度(betweenness centrality)和接近中心度(closeness centrality)。如果研究不同的图是否有不同的中心趋势,可用中心势来刻画网络图的整体中心性。与中心度相对应,中心势可分为点度中心势、中介中心势和接近中心势。首先通过三个典型网络说明行动者的中心性差别。

图4-1是中心性研究的三个示例网络,其中每个图都包含7个行动者,但其网络结构存在明显的差别,后面会经常提到这几类网络。从节点度数的角度来看,"明星图"中存在一个中心节点 n_1,其节点度数 $d(n_1)=6$ 是所

---

[1] 约翰·斯科特. 社会网络分析法(第2版)[M]. 刘军译. 重庆:重庆大学出版社,2009:68.

第四章 中心性分析

有 7 个节点中最大的，其余 6 个节点的度数均为 1。中心节点 n_1 的重要性远超过其他节点，而其余 6 个节点都可以互换。"环形图"和"线形图"中不存在中心节点，"环形图"中各节点的度数是相等的（均为 2），并且所有的节点都可以互换，因此各节点的中心地位是相等的。"线形图"中各节点的中心地位是递减的，依次是 n_1、n_2、n_3、n_4、n_5、n_6、n_7，即在"线形图"中形成的是一种传递关系，两端的行动者处于比较弱势的地位。

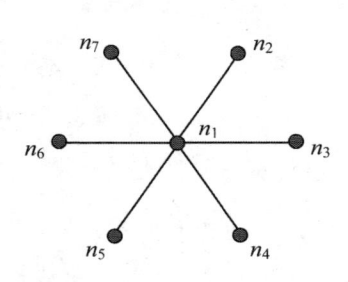

	n_1	n_2	n_3	n_4	n_5	n_6	n_7
n_1	0	1	1	1	1	1	1
n_2	1	0	0	0	0	0	0
n_3	1	0	0	0	0	0	0
n_4	1	0	0	0	0	0	0
n_5	1	0	0	0	0	0	0
n_6	1	0	0	0	0	0	0
n_7	1	0	0	0	0	0	0

图 4-1（a） "明星图"及其邻接矩阵

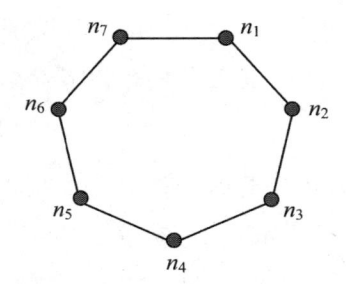

	n_1	n_2	n_3	n_4	n_5	n_6	n_7
n_1	0	1	0	0	0	0	1
n_2	1	0	1	0	0	0	0
n_3	0	1	0	1	0	0	0
n_4	0	0	1	0	1	0	0
n_5	0	0	0	1	0	1	0
n_6	0	0	0	0	1	0	1
n_7	1	0	0	0	0	1	0

图 4-1（b） "环形图"及其邻接矩阵

	n_1	n_2	n_3	n_4	n_5	n_6	n_7
n_1	0	1	1	0	0	0	0
n_2	1	0	0	1	0	0	0
n_3	1	0	0	0	1	0	0
n_4	0	1	0	0	0	1	0
n_5	0	0	1	0	0	0	1
n_6	0	0	0	1	0	0	0
n_7	0	0	0	0	1	0	0

图 4-1（c） "线形图"及其邻接矩阵

从图4-1代表的实际含义来看，"明星图"中的行动者 n_1 因处于核心位置，在信息或资源交换方面比其他行动者具有更大优势。"环形图"和"线形图"中的行动者 n_1 则没有这种优势。"环形图"中的各行动者处于完全相同的网络位置，而"线形图"中各行动者的中心地位是递减的。因此，那些比其他行动者有更多联系的行动者，就在网络结构中处于更为有利的位置。由于这些行动者具有较多的联系，就会比其他行动者更有可能获得网络中的资源，因而在处理各种关系方面具有更大的优势[1]。

对网络中心度和中心势的度量已经形成了多种不同的方法，有些是考察各节点的相对中心度，即"点度中心度"（degree centrality），有些则关注整体网络的中心势（centrality）。约翰·斯科特（2009）在"整体中心度"和"局部中心度"之间做出了重要区分[2]。"局部中心度"（local centrality）是以度数为基础测量节点的中心度，考察的是一个节点在其紧邻的环境（immediate environment）内与其直接关联的节点数。如果一个节点有许多直接关联的"邻点"，则称该节点为局部中心点。局部中心度指的是某个节点对其邻点而言的相对重要性，而整体中心度指的是该节点在整体网络中的战略重要性。

"中心度"这一概念严格地限定为节点的中心度，而"中心势"特指作为一个整体的图的中心度。中心势指的不是节点的相对重要性，而是整个图的总体的整合度或一致性。在研究中心度和中心势的时候，一般坚持这样的思路[3]：首先，给出一个节点的各种"绝对中心度"的表达式。然后，为了对来自不同图的节点的中心度进行比较，需要给出"相对中心度"的表达式，即"标准化"的绝对中心度。计算一个节点的"相对中心

---

[1] 林聚任. 社会网络分析：理论、方法与应用[M]. 北京：北京师范大学出版社，2009：107-108.
[2] 约翰·斯科特. 社会网络分析法（第2版）[M]. 刘军译. 重庆：重庆大学出版社，2009：69-72.
[3] 刘军. 社会网络分析导论[M]. 北京：社会科学文献出版社，2004：116-131.

度"的原则是:该节点的"绝对中心度"除以该节点所在图的所有其他节点最大可能存在的中心度之和(通常情况下,在星形网络中各节点的中心度之和达到最大)。最后,给出一个图在总体上的中心势的表达式。

第一节 点度中心度

一、点的点度中心度

在一个社会网络中,如果一个行动者与很多其他行动者之间存在直接联系,那么该行动者就居于中心地位,在该网络中拥有较大的"权力"。居于中心地位的行动者通常与其他行动者存在较多联系,而居于边缘地位的行动者通常并非如此。基于上述思想,点度中心度用网络中与该节点直接关联的节点数来衡量。行动者 x 的点度中心度(degree centrality)可以分成两类:①绝对点度中心度,它仅是指一个节点的度数;②相对点度中心度:节点的绝对中心度与图中节点的最大可能的度数之比,即"相对点度中心度"是"绝对点度中心度"的标准化形式。

(一)绝对点度中心度

节点 n_i 的绝对点度中心度就是与其直接关联的其他节点的个数。如果一个节点与其他许多节点直接关联,则称该节点具有较高的绝对点度中心度。如果某节点具有最高的度数,则称该节点居于网络的中心地位。

在无向图中,节点 n_i 的绝对点度中心度记为:$C_D(n_i) = d(n_i)$,其中 $d(n_i)$ 为节点 n_i 的度数。

在有向图中,绝对点度中心度可以分为:点入中心度(in-degree centrality)和点出中心度(out-degree centrality)。节点 n_i 的点入中心度记为:

$C_{DI}(n_i) = d_I(n_i)$ ，其中 $d_I(n_i)$ 为节点 n_i 的点入度，点出中心度记为：$C_{DO}(n_i) = d_O(n_i)$ ，其中 $d_O(n_i)$ 为节点 n_i 的点出度。

由于在测量绝对点度中心度时只考虑与该节点直接关联的节点数，并不考虑与其间接关联的节点，因此绝对点度中心度也可称为"局部中心度"（local centrality）。采用绝对点度中心度测量一个图的局部中心度存在局限性，即同一个图的节点之间或者同等规模的图之间才能进行比较。此外，节点的度数还依赖于图的规模。因此，当图的规模不同时，不同图中节点的局部中心度不可比较。例如，100 点图中的度数为 25 的核心节点就不如 30 点图中度数为 25 的节点那样居于核心地位，而这两个节点也不能轻易地与 10 点图中度数为 6 的节点进行比较❶。

（二）相对点度中心度

相对点度中心度是对"局部中心度"的相对测度，它是节点的实际度数与图中节点的最大可能的度数之比。在一个规模为 N 个节点的图中，任何一点的最大可能的度数一定是 $(N-1)$。

在无向图中，节点 n_i 的相对点度中心度记为：$C'_D(n_i) = \dfrac{d(n_i)}{N-1}$，其中 N 为网络规模。如果节点 x 的相对点度中心度 $C'_D(x) = 0$，则节点 x 是一个孤立点；如果节点 y 的相对点度中心度 $C'_D(y) = 1$，则节点 y 是一个核心节点。

在有向图中，节点 n_i 的相对点度中心度记为：$C'_D(n_i) = \dfrac{C_{DI}(n_i) + C_{DO}(n_i)}{2(N-1)}$，其中，$C_{DI}(n_i)$ 为节点 n_i 的点入中心度，$C_{DO}(n_i)$ 为节点 n_i 的点出中心度，N 为网络规模。

采用相对点度中心度即可比较同一网络中节点的局部中心度，也可对

---

❶ 约翰·斯科特. 社会网络分析法（第 2 版）[M]. 刘军译. 重庆：重庆大学出版社，2009：70.

不同规模的网络的局部中心度进行比较。例如，100 点图中度数为 25 的核心节点的相对点度中心度为 25/(100−1)≈0.25，30 点图中度数为 25 的节点的相对点度中心度为 25/(30−1)≈0.86，而 10 点图中度数为 6 的节点的相对点度中心度为 6/(10−1)≈0.67。

在对局部中心度进行测量的时候，并不涉及整个网络中是否有"核心点"。图 4−2 中的节点 A、B、C 都可看成是局部中心点，因为它们的度数都是 5，而其他节点的度数仅为 1 或 2。即使节点 A 比节点 B、C 有更多的直接联系，也不能视为整个网络的中心节点，因为它在位置上处于整体网络的一侧，它的核心地位完全是"局部的"现象。因此，节点的度数就是对局部中心度的度量，不同的度数仅表达节点在其局部环境中与其他节点的关系。

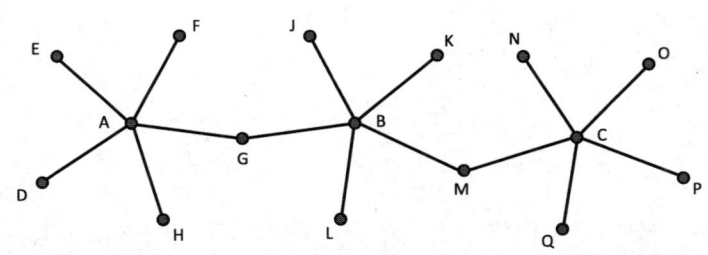

局部中心度		A, C	B	G, M	J, K, L	其它点
	绝对值	5	5	2	1	1
	相对值	0.33	0.33	0.13	0.07	0.07
整体中心度		1/43	1/33	1/37	1/47	1/57

图 4−2 局部中心度和整体中心度的比较[1]

二、图的点度中心势

"中心度"用来刻画图中任意一个节点的局部中心性，即图中某个节

---

[1] 约翰·斯科特. 社会网络分析法（第 2 版）[M]. 刘军译. 重庆：重庆大学出版社，2009：70.

点在多大程度上居于核心位置;"中心势"用来刻画网络图的整体中心性,即一个图在多大程度上表现出向某个节点集中的趋势。在一个规模为 N 个节点的星形图中,核心节点具有最大的点度中心度($N-1$),其他节点的点度中心度均为 1,因此星形图具有最大的图的中心势 1。在一个规模为 N 个节点的完备图中,任何节点的点度中心度均为($N-1$),因此完备图具有最小的图的中心势 0。其他图的中心势都介于这两种极端情形之间,即介于 0~1 之间。中心势指数用于定量探讨图的中心趋势,不仅可用于刻画整个图的中心势,也可对不同图的中心趋势进行比较[1]。

中心势指数的计算思想如下:首先找到图中的最大中心度数值;然后计算该值与任何其他节点的中心度的差,从而得到多个"差值";再计算这些"差值"的总和;最后用这个总和除以各个差值总和的最大可能值。可以用公式表示为

$$C = \frac{\sum_{i=1}^{N}[C_{max} - C(n_i)]}{\max \sum_{i=1}^{N}[C_{max} - C(n_i)]}$$

点度中心势衡量了网络中点度中心度最高的节点的点度中心度与其他节点的点度中心度的差距。该节点与其他节点的差距越大,则该网络的点度中心势越高。

绝对点度中心势记为:$C_D = \dfrac{\sum_{i=1}^{N}[C_{Dmax} - C_D(n_i)]}{(N-1)(N-2)}$,其中 C_{Dmax} 为图中最大的绝对点度中心度。因为只有在星形网络的情况下,图中节点的绝对点度中心度才可能达到如下最大值:$C_{Dmax} = (N-1)(N-2)$。

---

[1] 刘军. 整体网分析讲义——UCINET 软件实用指南(第 2 版)[M]. 上海:上海人民出版社,2014:128-129.

相对点度中心势记为：$C'_D = \dfrac{\sum_{i=1}^{N}[C'_{D\max} - C'_D(n_i)]}{N-2}$，其中 $C'_{D\max}$ 为图中最大的相对点度中心度。

第二节 中介中心度

一、点的中介中心度

中介中心度测量了一个行动者"控制"其他行动者的能力。在网络图中，如果一个行动者处于许多其他两点之间路径上，可以认为该行动者居于重要地位，因为他具有控制其他两个行动者之间交往的能力。Linton Freeman 指出："处于这种位置的人可以通过控制或者曲解信息的传递而影响群体"[1]。中介中心度（betweenness centrality）是另一个刻画行动者个体中心度的指标，它测量的是行动者对资源的控制程度。如果一个节点处于许多其他节点对（pair of nodes）之间的捷径（geodesic）上，则称该节点具有较高的中介中心性。

如果一个行动者处于多对行动者之间，即使他的度数比较低，也可能起到重要的中介作用，因而处于网络的中心地位。例如，图4-2中的节点G、M 处于许多节点对的中间，因而能够在很大程度上控制其他行动者之间的交往。节点 G 可以看作是在以节点 A 为中心的各个行动者和以节点 B 为中心的各个行动者之间的"中间人"；同样，节点 M 可以看作是在以节点 B 为中心的各个行动者和以节点 C 为中心的各个行动者之间的"中间

---

[1] Freeman L C. Centrality in social networks: Conceptual clarification [J]. Social Networks, 1979, (1): 215-239.

人"。图 4-2 中所有度数为 1 的行动者之间如果想要建立联系，都必须依赖于节点 A、B、C、D、E 中的一个或几个，即这五个节点在整个网络图中起到了重要的"中间人"作用。

节点 n_i 的绝对中介中心度记为：$C_B(n_i) = \sum_{j<k} g_{jk}(n_i)/g_{jk}$，其中 g_{jk} 表示节点 n_j 与 n_k 之间存在的捷径的数目，$g_{jk}(n_i)$ 表示节点 n_j 与 n_k 之间存在的经过节点 n_i 的捷径的数目。

例如，分析图 4-3 中节点 D 的中介中心度，就需要逐一考察所有的节点对。节点 A 和 E 之间只有一条捷径：A-D-E，则赋予节点 D 的中介中心度值为 1；节点 B 和 E 之间只有一条捷径：B-D-E，则赋予节点 D 的中介中心度值为 1；节点 C 和 E 之间只有一条捷径：C-D-E，则赋予节点 D 的中介中心度值为 1；节点 A 和 C 之间有两条捷径：A-B-C 和 A-D-C，则赋予节点 D 的中介中心度值为 1/2；因此，节点 D 的中介中心度为 1+1+1+0.5=3.5，记为 $C_B(D) = 3.5$。

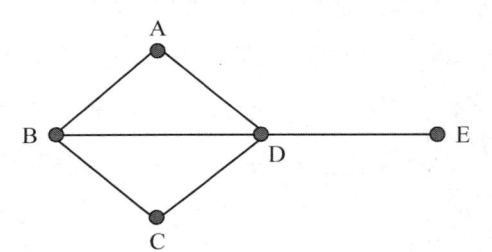

	A	B	C	D	E
A	0	1	0	1	0
B	1	0	1	1	0
C	0	1	0	1	0
D	1	1	1	0	1
E	0	0	0	1	0

图 4-3 一个 5 点图及其邻接矩阵

节点 n_i 的相对中介中心度记为：$C'_B(n_i) = \dfrac{2C_B(n_i)}{(N-1)(N-2)} = \dfrac{2\sum_{j<k} g_{jk}(n_i)/g_{jk}}{(N-1)(N-2)}$，其中 N 为网络规模。因为只有在星形网络的情况下，图中节点的绝对中介中心度才可能达到如下最大值：$C_{B\max} = \dfrac{(N-1)(N-2)}{2}$。

节点 n_i 的相对中介中心度 $C'_B(n_i)$ 的取值范围为 0~1，可用于比较不同网络图中节点的中介中心度。

在 Ucinet 6.2 软件中，沿着"Network → Centrality → Freeman Betweenness → Node Betweenness"路径计算图 4-3 中 5 个节点的中介中心度。计算结果如图 4-4 所示。可见，节点 A、C、E 的绝对中介中心度为 0，相对中介中心度也为 0；节点 B 的绝对中介中心度为 0.5，相对中介中心度为 0.0833；节点 D 的绝对中介中心度为 3.5，相对中介中心度为 0.5833。整个网络的标准化中介中心势为 0.5625，说明整个网络具有明显地向某个节点集中的趋势[1]。

```
Un-normalized centralization: 13.500

              1              2
         Betweenness    nBetweenness
         -----------    ------------
   4 D      3.500          58.333
   2 B      0.500           8.333
   1 A      0.000           0.000
   3 C      0.000           0.000
   5 E      0.000           0.000

Network Centralization Index = 56.25%
```

图 4-4　图 4-3 中节点的中介中心度

总之，一个节点的中介中心度测量的是该节点控制他人之间交往的能力。如果一个节点的中介中心度为 0，则该节点不能控制任何行动者，处于网络中的边缘地位；如果一个节点的中介中心度为 1，则该节点可以 100% 控制其他行动者，处于网络中的核心地位[2]。

二、图的中介中心势

中介中心势衡量了网络中中介中心度最高的节点的中介中心度与其他节点的中介中心度的差距。该节点与其他节点的差距越大，则该网络的中

---

[1] 刘军. 整体网分析讲义——UCINET 软件实用指南（第 2 版）[M]. 上海：上海人民出版社，2014：131-133.
[2] 刘军. 社会网络分析导论[M]. 北京：社会科学文献出版社，2004：125-126.

介中心势越高。

图的中介中心势记为：$C_B = \dfrac{2\sum_{i=1}^{N}[C_{B\max} - C_B(n_i)]}{(N-1)^2(N-2)} = \dfrac{\sum_{i=1}^{N}[C'_{B\max} - C'_B(n_i)]}{N-1}$，

其中 $C_{B\max}$ 为图中最大的绝对中介中心度，$C'_{B\max}$ 为图中最大的相对中介中心度，N 为网络规模。因为只有在星形网络的情况下，图中节点的中介中心度才可能达到如下最大值：$C_{B\max} = \dfrac{(N-1)(N-2)}{2}$。

星形网络具有100%的中介中心势指数，即核心节点是所有其他节点的"桥点"。环形网络的中介中心势指数为0。

三、线的中介中心度

除了考察节点的中介中心度以外，还可以分析连线的中介中心度。连线的中介中心度测量的是一条连线出现在一条捷径上的次数，即连线的中介中心度考察的是一条连线对信息传递的控制程度。

连线 l_i 的绝对中介中心度记为：$C_B(l_i) = \sum_{j<k} g_{jk}(l_i)/g_{jk}$，其中 g_{jk} 表示节点 n_j 与 n_k 之间存在的捷径的数目，$g_{jk}(l_i)$ 表示节点 n_j 与 n_k 之间存在的经过连线 l_i 的捷径的数目。

在测量一条连线 l_i 的中介中心度时，需要逐一考察网络中所有经过连线 l_i 的两点之间的捷径，然后计算连线 l_i 在全部捷径中所占的比例。例如，分析图4-5中连接A和D的连线 p（或A-D）的中介中心度，就要逐一考察所有经过连线 p 的捷径。节点A和D之间只有一条捷径A-D，即连线 p，则赋予连线 p 的中介中心度值为1，表明连线 p 能够100%控制节点A和D之间的信息传递；节点A和C之间有两条捷径：A-B-C和**A-D**-C，其中有一条捷径经过连线 p，则赋予连线 p 的中介中心度值为1/2，表明连线 p 能够50%控制节点A和C之间的信息传递；节点A和B

之间的捷径不经过连线 p，则赋予连线 p 的中介中心度值为 0，表明连线 p 完全不能控制节点 A 和 D 之间的信息传递；节点 A 和 E 之间只有一条捷径：**A–D**–E，并且经过连线 p，则赋予连线 p 的中介中心度值为 1。因此，连线 p 的中介中心度为 $1+1+0+0.5=2.5$，记为 $C_B(p)=2.5$。同样，分析图 4–4 中连接 D 和 E 的连线 q（或 D–E）的中介中心度为 4，记为 $C_B(q)=2.5$。

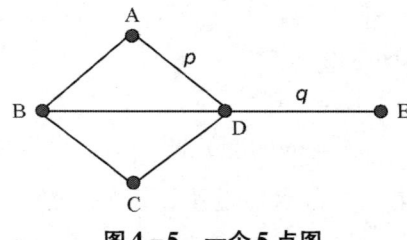

图 4–5　一个 5 点图

在 Ucinet 6.2 软件中，沿着"Network → Centrality → Freeman Betweenness → Edge（line）Betweennes"路径计算图 4–5 中任意两个节点之间连线的中介中心度。计算结果如图 4–6 所示。可见，图 4–5 中的 6 条连线的中介中心度分别为：节点 A 和 B 之间的连线的中介中心度为 1.5，节点 A 和 D 之间的连线 p 的中介中心度为 2.5，节点 B 和 C 之间的连线的中介中心度为 1.5，节点 B 和 D 之间的连线的中介中心度为 2.0，节点 C 和 D 之间的连线的中介中心度为 2.5，节点 D 和 E 之间的连线 q 的中介中心度为 4.0。

```
Edge Betweenness

          1       2       3       4       5
          A       B       C       D       E
         ----    ----    ----    ----    ----
  1 A   0.000   1.500   0.000   2.500   0.000
  2 B   1.500   0.000   1.500   2.000   0.000
  3 C   0.000   1.500   0.000   2.500   0.000
  4 D   2.500   2.000   2.500   0.000   4.000
  5 E   0.000   0.000   0.000   4.000   0.000
```

图 4–6　图 4–5 中连线的中介中心度

总之，节点的中介中心度和连线的中介中心度是侧重点不同的两个指标。节点的中介中心度测量的是单独的一个行动者的控制优势；连线的中介中心度测量的是两个行动者之间的关系在整个网络中的控制优势[1]。

第三节 接近中心度

一、点的接近中心度

接近中心度（closeness centrality）测量了一个行动者不受其他行动者"控制"的能力。如果一个节点通过比较短的路径与许多其他节点相连，则该节点具有较高的接近中心度。因为接近中心度计算一个节点与其他节点之间的距离，距离越短，表明该节点越容易到达其他节点，因此接近中心度越小的节点在网络中越处于核心地位。

节点 n_i 的绝对接近中心度记为：$C_C(n_i) = \left[\sum_{j=1}^{N} l(n_i, n_j) \right]^{-1}$，其中 $l(n_i, n_j)$ 为节点 n_i 与 n_j 之间的距离（即捷径中包含的连线数）。一个节点的绝对接近中心度也就是该节点与图中所有其他节点之间的距离（distance）之和的倒数。

节点 n_i 的相对接近中心度记为：$C'_C(n_i) = (N-1)C_C(n_i) = \dfrac{N-1}{\sum_{j=1}^{N} l(n_i, n_j)}$，其中 N 为网络规模。因为只有在星形网络的情况下，核心节点的接近中心度才可能达到如下最大值：$C_{Cmax} = 1/(N-1)$。

在图 4-3 中，节点 D 与其他 4 个节点的距离都是 1，因此节点 D 的接

---

[1] 刘军. 整体网分析讲义——UCINET 软件实用指南（第 2 版）[M]. 上海：上海人民出版社，2014：131-133.

近中心度为 $1/(1+1+1+1) = 1/4$，即 $C_C(D) = 1/4$。节点 B 与节点 A、C、D 的距离都是 1，节点 B 与节点 E 的距离是 2，因此节点 B 的接近中心度为 $1/(1+1+1+2) = 1/5$，即 $C_C(B) = 1/5$。节点 E 与节点 A、B、C 的距离都是 2，节点 E 与节点 D 的距离是 1，因此节点 E 的接近中心度为 $1/(2+2+2+1) = 1/7$，即 $C_C(E) = 1/7$。节点 A 与节点 B、D 的距离都是 2，节点 A 与节点 C、E 的距离都是 1，因此节点 A 的接近中心度为 $1/(2+2+1+1) = 1/6$，即 $C_C(A) = 1/6$。节点 A、C 具有结构对等性，因此 $C_C(C) = C_C(A) = 1/6$。

在 Ucinet 6.2 软件中，沿着"Network→Centrality→Closeness"路径计算图 4-3 中 5 个节点的接近中心度。计算结果如图 4-7 所示（图中给出的是绝对接近中心度的倒数）。可见，节点 A、C 的相对接近中心度为 0.6667；节点 B 的相对接近中心度为 0.8000；节点 D 的相对接近中心度为 1.0000；节点 E 的相对接近中心度为 0.5714。整个网络的标准化接近中心势为 0.7556，说明整个网络具有明显地向某个节点集中的趋势。

```
Closeness Centrality Measures

                1           2
             Farness    nCloseness
             -------    ----------
      4  D    4.000      100.000
      2  B    5.000       80.000
      1  A    6.000       66.667
      3  C    6.000       66.667
      5  E    7.000       57.143

Network Centralization = 75.56%
```

图 4-7 图 4-3 中节点的接近中心度

图 4-2 比较了建立在"距离和"基础上的各节点的整体中心度（即接近中心度）与建立在"度数"基础上各节点的绝对局部中心度（即绝对点度中心度）和相对局部中心度（即相对点度中心度）。节点 A、B、C 的局部中心度相同，但节点 B 的整体中心度高于节点 A、C，这也与节点 B 居于更为核心的位置的直观印象相符。节点 G、M 的整体中心度低于节点

B，但高于于节点 A、C 这两个有较高局部中心度的节点，表明虽然节点 G、M 的局部中心度远低于节点 A、C，但在整体网络中居于更为核心的位置。对于图 4-2 中度数为 1 的 11 个节点来说，它们的整体中心度和局部中心度都是最低的，因此都可以看成是图中的边缘节点，与图中的其他节点之间是松散关联的。节点 J、K、L 的整体中心度高于其他度数为 1 的节点，说明它们并不像其他度数为 1 的节点那样居于整体网络的边缘地位[1]。

二、图的接近中心势

图的接近中心势记为：$C_C = \dfrac{\sum_{i=1}^{N}\left[C_{C\max} - C_C(n_i)\right]}{(N-1)(N-2)}(2N-3)$，其中 $C_{C\max}$ 为图中最大的接近中心度。因为只有在星形网络的情况下，核心节点的接近中心度才可能达到如下最大值：$C_{C\max} = 1/(N-1)$。

星形网络具有 100% 的接近中心势指数。环形网络、完备网络的接近中心势指数为 0，因为图中任何节点一个节点与其他节点的距离都相等。

总之，图的中心势也有与点的中心度对应的三种测度：点度中心势、中介中心势以及接近中心势。将点的中心度与图的中心势的表达式总结见表 4-1。

表 4-1 点的中心度和图的中心势的表达式

	点度中心性	中介中心性	接近中心性
点的绝对中心度	$C_D(n_i) = d(n_i)$	$C_B(n_i) = \sum_{j<k} g_{jk}(n_i)/g_{jk}$	$C_C(n_i) = \left[\sum_{j=1}^{N} l(n_i, n_j)\right]^{-1}$

---

[1] 约翰·斯科特. 社会网络分析法（第 2 版）[M]. 刘军译. 重庆：重庆大学出版社，2009：69-72.

续表

	点度中心性	中介中心性	接近中心性
点的相对中心度	$C'_D(n_i) = \dfrac{d(n_i)}{N-1}$	$C'_B(n_i) = \dfrac{2C_B(n_i)}{(N-1)(N-2)}$	$C'_C(n_i) = (N-1)C_C(n_i)$
图的中心势	$C_D = \dfrac{\sum\limits_{i=1}^{N}\left[C_{D\max} - C_D(n_i)\right]}{(N-1)(N-2)}$	$C_B = \dfrac{2\sum\limits_{i=1}^{N}\left[C_{B\max} - C_B(n_i)\right]}{(N-1)^2(N-2)}$	$C_C = \dfrac{\sum\limits_{i=1}^{N}\left[C_{C\max} - C_C(n_i)\right]}{\dfrac{(N-1)(N-2)}{(2N-3)}}$

除了上述三种中心性度量以外，社会网络分析者还提出了其他一些测量中心性的指标，如特征向量中心度（eigenvector centrality）。但上述三种中心性度量是通常分析网络中心性的最重要的指标。这三种中心性度量侧重的方面有所不同。点度中心性测量的是一个行动者与其他行动者之间发展直接交往的能力。中间中心度和接近中心度测量的是一个行动者控制网络中其他行动者之间交往的能力，依赖于行动者与网络中的所有行动者之间的关系，而不仅是与邻点之间的直接关系。接近中心度测量的结果有时不如中间中心度测量的结果那样精确。总的说来，三种中心性测量的结果差别不大[1]。

在实际测量"中心性"时应选择哪种测度，可以参考 Linton Freeman 的观点："这依赖于研究问题的背景，如果关注的是交往活动，可采用以度数为基础的测度；如果研究对交往活动的控制，可采用中介中心度；如果分析相对于信息传递的独立性或有效性，可采用接近中心度。对于上述三种中心性测度来说，星形网络的核心节点都居于最核心地位。"[2]

以下结合一个案例探讨中心性分析在图书情报领域的具体应用。案例

---

[1] 约翰·斯科特. 社会网络分析法（第2版）[M]. 刘军译. 重庆：重庆大学出版社，2009：136.

[2] Freeman L C. Centrality in social networks：Conceptual clarification [J]. Social networks，1979，(1)：215-239.

分析4-1是中心性分析应用于企业知识管理中的一个例子。

※案例分析4-1：中心性分析在组织非正式网络内隐性知识共享中的应用[1]

非正式网络是组织内成员因为业务、兴趣和目标相近而形成的团体，其成员在团体内分享知识及交流情感，因此非正式网络实质上是组织内的社会网络的一种形式。由于非正式网络具备跨功能性、背景相似性、良好沟通性等特征，决定了其具有良好的知识传播功能，因此作为正式网络的重要补充，尤其是在个人层面，非正式网络已成为隐性知识交流的重要媒介。由于正式网络与企业固有的组织结构相一致，适于传递在组织运行过程中形成的编码化知识，如业务文档、规范和统计数据等。与之相比，非正式网络则有利于人们在彼此之间分享经验和智慧。组织内非正式网络的存在使隐性知识共享不一定通过"隐性知识→显性知识→隐性知识"的传递模式，而可以直接通过"隐性知识→隐性知识"的传递模式。可以利用社会网络分析方法对组织非正式网络内的隐性知识共享活动进行理论与实证研究。本研究从网络中心性的角度分别探讨了非正式网络点度中心度、中介中心度和接近中心度对组织非正式网络内隐性知识共享的影响。

1. 数据获取与处理

下面以一家高新技术企业研发部门的成员之间以隐性知识交流为基础的非正式网络为例。本次调研主要采用问卷调查法，调查问卷涉及的主要问题包括：

（1）请写出3个你在工作中联系最紧密的同事的姓名（按紧密程度从高到低填写）。

---

[1] 姜鑫. 组织内非正式网络中心性对隐性知识共享的影响研究[J]. 图书情报工作，2011，55（16）：111-148.

(2) 你对于本部门内其他成员的专业知识、能力的了解程度如何?

(3) 你平时在工作、研究过程中需要寻求支持帮助时,通常会向谁去咨询求助?

(4) 你在学习和研究过程中,从谁那里获得过对你的问题解决或研究工作有实质性帮助的相关知识?

(5) 你是否可以方便、及时地联系到对方,无论是面谈、电话、邮件、即时通信等方式?

首先将该研发部门的成员进行编号,根据问卷调查结果以成员之间是否发生隐性知识交流与共享为条件建立一个 15×15 的邻接矩阵 Z_{ij},其中 Z_{ij} 表示成员 i 与成员 j 之间是否存在隐性知识的交流与共享关系。如果成员 i 与成员 j 之间进行隐性知识的交流与共享,那么 $Z_{ij}=1$,否则 $Z_{ij}=0$。将邻接矩阵 Z_{ij} 导入社会网络分析软件 Ucinet 6.2,然后运用 Ucinet 的绘图软件工具 NetDraw 绘制出该研发部门的非正式网络社群图,如图 4-8 所示。

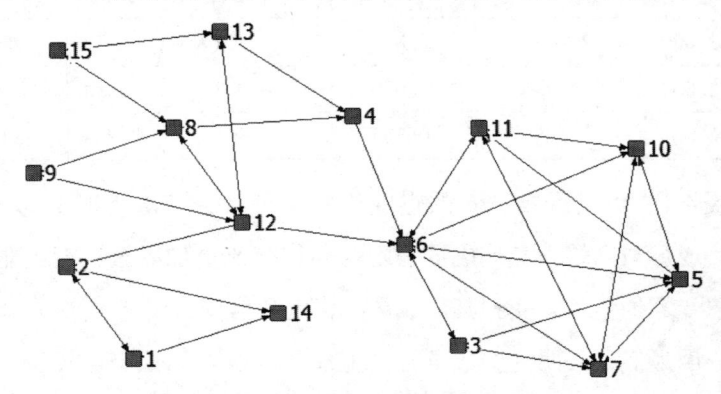

图 4-8 某研发部门的非正式网络社群图

2. 数据分析

在 Ucinet 6.2 软件中沿着 "Network→Centrality→Degree" 路径计算各成员的点度中心度,沿着 "Network → Centrality → Freeman Betweenness → Node Betweenness" 路径计算各成员的中介中心度,沿着 "Network→Centrality→Closeness" 路径计算各成员的接近中心度,计算结果见表 4-2。

表 4-2 各成员的中心性指标

节点	点度中心度	标准化点度中心度	中介中心度	标准化中介中心度	接近中心度	标准化接近中心度
1	2.000	14.286	0.000	0.000	44.000	31.818
2	3.000	21.429	24.000	26.374	32.000	43.750
3	3.000	21.429	0.000	0.000	35.000	40.000
4	3.000	21.429	9.333	10.256	30.000	46.667
5	5.000	35.714	0.667	0.733	33.000	42.424
6	7.000	50.000	47.000	51.648	24.000	58.333
7	5.000	35.714	0.667	0.733	33.000	42.424
8	4.000	28.571	8.833	9.707	31.000	45.161
9	2.000	14.286	0.000	0.000	33.000	42.424
10	4.000	28.571	0.000	0.000	34.000	41.176
11	4.000	28.571	0.000	0.000	34.000	41.176
12	5.000	35.714	49.333	54.212	23.000	60.870
13	3.000	21.429	6.833	7.509	32.000	43.750
14	2.000	14.286	0.000	0.000	44.000	31.818
15	2.000	14.286	0.333	0.366	42.000	33.333

由表 4-2 可见，成员 6 的点度中心度最大，其次为成员 5、7、12，表明这些成员与网络内其他成员的隐性知识交流更加频繁，充当非正式网络中知识专家的角色，受到其他成员的肯定和信任。成员 1、9、14、15 的点度中心度最低，表明这些成员与其他成员的隐性知识交流较少，处于非正式网络中的边缘地位，其积极性未被充分调动。就整个网络而言，点度中心势为 26.02%，这说明整个网络内成员间的联系不够紧密，隐性知识交流不太频繁，彼此间缺乏有效沟通。

成员 6、12 的中介中心度最大，成员 2 次之，表明这些成员在非正式网络内的隐性知识交流与共享中处于枢纽地位，具备汇集多方有价值知识的结构洞优势，最能控制其他成员之间的隐性知识交流。成员 1、

3、9、10、11、14 的中介中心度为 0，表明这些成员参与网络内的隐性知识交流的意愿和能力不足，无法将其他成员有效地联系起来，完全不能控制其他成员之间的隐性知识交流。整个网络的中介中心势为 46.55%，表明成员 12 能在很大程度上控制非正式网络内成员之间的知识交流与共享。

成员 1、14 的接近中心度最高，成员 15 次之，成员 6、12 的接近中心度最低，表明成员 1、14、15 在非正式网络内的隐性知识交流与共享中最受控制，而成员 6、12 最不受控制。例如，成员 1、14 如果想和网络内其他成员进行隐性知识交流就必须依赖成员 2、12（有时还包括成员 6）。整个网络的接近中心势为 39.75%，表明整个网络的接近集中趋势并不是很高，没有出现能够控制整个网络隐性知识交流的绝对权威人物。

值得一提的是，成员 6、12 作为非正式网络中的权威人物，一旦离开将导致网络不再连通，对整个网络内的隐性知识共享产生极为不利的影响。因此，该非正式网络的其他成员需加强彼此间的联系，以适度削弱成员 6、12 的核心地位。此外，成员 1、9、14、15 处于网络中的边缘地位，应采取措施提高他们的积极性，使其加强与其他成员的联系和沟通，以充分地进行隐性知识的交流与共享。

3. 结论

通过对组织内以隐性知识交流为基础的非正式网络进行中心性分析，有助于了解组织非正式网络内的隐性知识交流与共享情况。通过计算非正式网络的点度中心度可以了解网络成员之间联系的紧密程度，并能发现在隐性知识交流中处于核心和边缘地位的人物。通过计算网络的中介中心度可以了解各成员在隐性知识交流中对其他成员的控制程度，并能发现在网络内隐性知识共享中起关键作用的结构洞位置。通过计算网络的接近中心度可以了解网络成员之间的沟通距离，并能发现影响网络内隐性知识快速传递的关键路径和成员。综上所述，利用社会网络分析方法对组织内的非正式网络进行中心性分析，可以有效地找到影响整个非正式网络内隐性知识共享的障碍和瓶颈，从而能够有针对性地采取改进措施提高非正式网络内隐性知识共享的效率。

第五章　凝聚子群分析

大体上说，凝聚子群是满足如下条件的一个行动者子集合，即在此集合中的行动者之间具有较强的、直接的、紧密的、经常的或者积极的关系[1]。计算凝聚子群的方法有两类：一类是以"距离"来计算，通过限定子群中可达的节点之间的"距离"而得到不同的凝聚子群；另一类是以"度数"来计算，通过限定子群中的每个节点的"邻点"个数而得到不同的凝聚子群。

第一节　基于距离的凝聚子群

一、n-派系

在一个无向网络图中，"派系"（cliques）是指至少包含3个节点的最大完备子图（maximal complete subgroup），即在该节点集中的任意两个节点之间都是互相邻接的（即任何节点对之间都有一条连线），并且没有派系以外的其他节点和所有派系成员邻接（即该派系不能被其他任何派系所

---

[1] 刘军. 社会网络分析导论 [M]. 北京：社会科学文献出版社，2004：153.

包含）。一个限制条件是派系至少包含 3 个节点，因此一个互惠对（mutual dyad）不构成派系。一个包含 N 个节点的派系包含 C_N^2 条连线，例如，一个包含 5 个节点的派系包含 $C_5^2 = (5 \times 4)/2 = 10$ 条连线，一个包含 6 个节点的派系包含 $C_6^2 = (6 \times 5)/2 = 15$ 条连线，一个包含 7 个节点的派系包含 $C_7^2 = (7 \times 6)/2 = 21$ 条连线，一个包含 9 个节点的派系包含 $C_9^2 = (9 \times 8)/2 = 36$ 条连线。

在图 5 – 1 所示的一个 7 点图中共有三个派系：{1，2，3}、{1，3，5} 和 {3，4，5，6}。可见，图中的派系之间是可以重叠的，同一个节点或节点集可能属于不止一个派系（如图 5 – 1 中的 3 号节点属于所有的派系）。也可能存在不属于任何派系的节点（如图 5 – 1 中的 7 号节点不属于任何派系）。[1]

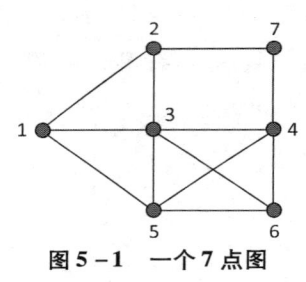

图 5 – 1 一个 7 点图

在一个有向网络图中，一个"派系"中的连线必须都是双向的。从有向网络图中分析出来的派系称为"强派系"（strong cliques），从无向网络图中分析出来的派系称为"弱派系"（weak cliques）。在一个无向赋值图中，一个"c – 层派系"（a clique at level c）指的是该图中一个满足如下条件的子图，即该子图中任何一对节点之间的关系强度都不小于 c（c 为临界值），子图外的任何一个节点到该子图中的所有节点之间的关系强度都小于 c。对于两个临界值分别为 c_1 和 c_2 的派系，并且假定 $c_1 > c_2$，那么所有

---

[1] 斯坦利·沃瑟曼，凯瑟琳·福斯特. 社会网络分析：方法与应用 [M]. 陈禹，孙彩虹译. 北京：中国人民大学出版社，2012：186 – 187.

c_1 层次的派系都包含在 c_2 层次的派系之中❶。

"n-派系"(n-cliques)是从"可达性"(reachability)的角度,对"派系"这一比较严格的概念进行了推广。简单地说,"n-派系"就是任意两个节点之间的距离都小于或等于 n 的子图。对于一个无向二值图 G 来说,n-派系是指满足如下条件的子图 G_s:子图 G_s 中的任意两个节点之间在总图 G 中的距离都不大于 n。令 $d(n_i, n_j)$ 代表两个节点 n_i、n_j 在总图 G 中的距离,一个 n-派系就是一个满足如下条件的子图 G_s:$d(n_i, n_j) \leq n$,并且对于所有的 $n_i, n_j \in N_s$,在总图 G 中不存在与子图 G_s 中的任何节点之间的距离都不大于 n 的节点❷。

n-派系中的"n"是指派系成员之间距离的最大值。一个 1-派系实际上就是一个最大完备子图,即一个"派系"。一个 2-派系中的派系成员要么直接相连(距离为 1),要么通过一个共同的邻接节点间接相连(距离为 2)。n 的取值越大,对派系成员限制的标准就越松散。n 的最大值不能大于图中的节点总数减去 1。图 5-2 是规模为 4 的 1-派系、2-派系和 3-派系。在图 5-3 所示的一个 6 点图中共有两个 2-派系:{1, 2, 3, 4, 5} 和 {2, 3, 4, 5, 6}。

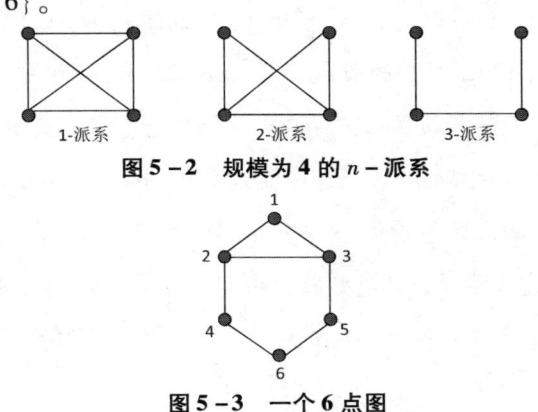

图 5-2 规模为 4 的 n-派系

图 5-3 一个 6 点图

---

❶ 刘军. 整体网分析讲义——UCINET 软件实用指南(第 2 版)[M]. 上海:上海人民出版社,2014:158-159.

❷ 刘军. 整体网分析讲义——UCINET 软件实用指南(第 2 版)[M]. 上海:上海人民出版社,2014:163.

二、n-宗派

简单地说，一个"n-宗派"（n-clan）就是一个所有捷径都包含在子图 G_s 中的"n-派系"（n-cliques）。可见，"n-宗派"和"n-派系"都是总图 G 的子图，二者之间的最主要区别在于对"距离"的定义。"n-派系"定义的"距离"是指两个节点在"总图 G"中的距离，"n-宗派"定义的"距离"是指两个节点在"子图 G_s"中的距离。"n-宗派"的概念要比"n-派系"的概念严格一些。任何"n-宗派"都是"n-派系"，反过来，一个"n-派系"不一定是"n-宗派"❶。在图5-3所示的一个6点图中只有一个2-宗派：$\{2,3,4,5,6\}$。

图5-4（a）既不是一个2-宗派也不是一个2-派系，因为节点1和节点6之间的距离大于2。图5-4（b）和图5-4（c）既是2-宗派也是2-派系。对于图5-4（a）的一个子图 G_s：$N_s = \{1,2,3,4,5\}$，$L_s = \{(1,2),(1,3),(2,3),(2,4),(3,5)\}$，则有子图 G_s 不是一个2-宗派，因为节点4和节点5在子图 G_s 中的距离为3；但是，子图 G_s 是一个2-派系，因为节点4和节点5在总图 G 中的距离为2（总图 G 中连接节点4和节点5的长度为2的路径，需要经过子图 G_s 以外的一个节点6），这表明一个 n-派系的直径有可能大于 n。因为 n-派系仅要求子图 G_s 中的各个节点之间，通过长度不大于 n 的路径（path）相连，但并不要求子图 G_s 中包含这些路径，即这些路径可以不在子图 G_s 中，但 n-宗派要求子图 G_s 中必须包含这些路径，因此一个 n-宗派的直径不可能大于 n❷。

---

❶ 刘军. 社会网络分析导论［M］. 北京：社会科学文献出版社，2004：163-164.
❷ 约翰·斯科特. 社会网络分析法（第2版）［M］. 刘军译. 重庆：重庆大学出版社，2009：97-98.

第五章 凝聚子群分析

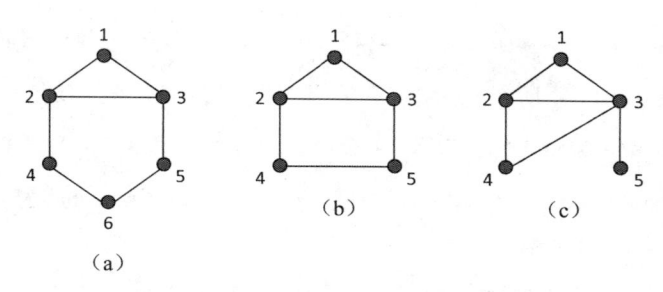

图 5-4　2-派系与 2-宗派的示意图

下面以罗家德（2010）收集的一家外商公司中计算机维修部门的 15 人的情报网络资料为例❶，说明通过 Ucinet 软件进行凝聚子群分析的具体过程。利用 Ucinet 软件的数据表程序（spreadsheet）直接输入情报网络资料，矩阵的行数（Rows）和列数（Cols）的默认值是 30，分别将行数和列数都修改为 15，输入完毕后命名为"情报网络"，Ucinet 软件将会自动生成两个文件："情报网络.##d"和"情报网络.##h"（见图 5-5）。

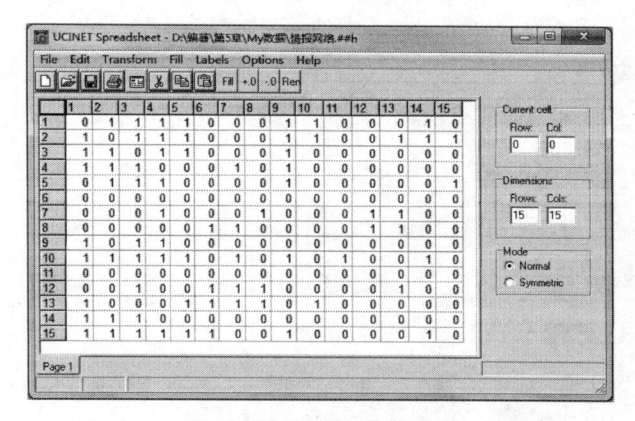

图 5-5　用"数据编辑器"输入情报网络资料

沿着"Network→Cohesion→Reachability"路径，计算各个节点之间的"可达性"，计算结果如图 5-6（a）所示。由图 5-6（a）可见，只有节点 6、节点 11 与其他节点都不可达，其余 13 个节点之间都是相互可达的。沿着

---

❶　罗家德. 社会网分析讲义（第 2 版）[M]. 北京：社会科学文献出版社，2010：162-163.

"Network→Cohesion→Distance"路径，计算各个节点之间的"距离"，计算结果如图 5-6（b）所示。由图 5-6（b）可见，节点 6、节点 11 与其他节点之间的距离是无限大的，其余 11 个节点之间的距离为 1~3，"可达的节点对"（reachable pairs）之间的"平均距离"（average distance）为 1.824。

图 5-6（a） 可达性矩阵　　图 5-6（b） 距离矩阵

沿着"Network→Cohesion→Density→(new) Density Overall"路径计算该情报网络的密度为 0.3476。沿着"Network→Subgroups→N-Cliques"路径进行 n-派系分析，如果"n 的取值"（Value of N）设为 3，子群的"最小规模"（Minimum size）设为 4，可以得到一个 3-派系，说明设定的条件太过宽松，所有可达的节点之间的距离都不大于 3（也可参照上述"距离"分析结果，可达的节点之间的距离为 1~3），因此所有的节点结成了一个子群（见图 5-7）。

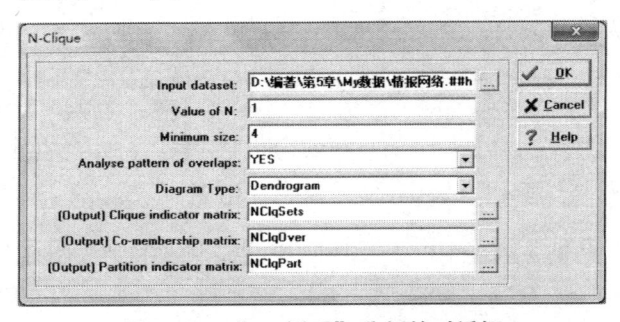

图 5-7　"n-派系"分析的对话框

如果"n 的取值"设为 2，子群的"最小规模"仍为 4，可以得到三个2-派系，但三个2-派系中的成员大部分是重合的（见图5-8（a））。将"n的取值"调整为1，子群的"最小规模"仍为4，可以得到七个1-派系（见图5-8（b））。

```
3 2-cliques found.                    7 1-cliques found.
                                      1: 1 2 3 4 5 9 10
                                      2: 1 2 5 10 13
1: 1 2 3 4 5 6 7 9 10 12 13 14 15     3: 1 2 3 10 14
2: 1 2 3 4 5 7 9 10 11 13 14          4: 6 8 12 13
3: 1 2 3 4 5 6 7 8 10 12 13 15        5: 7 8 12 13
                                      6: 1 2 3 4 5 9 15
                                      7: 1 2 3 14 15
```

图5-8（a）"2-派系"分析结果　　　　图5-8（b）"1-派系"分析结果

对上述1-派系分析结果进行整理，可以发现该情报网络中存在2个子群（见图5-9）。

1: 1、2、3、4、5、9、10、14、15；
2: 6、7、8、12、13。

图5-9　该情报网络中的2个子群

在进行上述"1-派系"分析时还会得到一个聚类图（cluster diagram）（见图5-10）。从图5-10中可以看出，节点1和节点2共同隶属于五个1-派系，节点1、节点2和节点3共同隶属于四个1-派系，节点8、节点12和节点13共同隶属于两个1-派系，节点4和节点9也共同隶属于两个1-派系。还可以看出，节点11不隶属于任何1-派系。可见，聚类图清楚地表达了1-派系分派的情况。

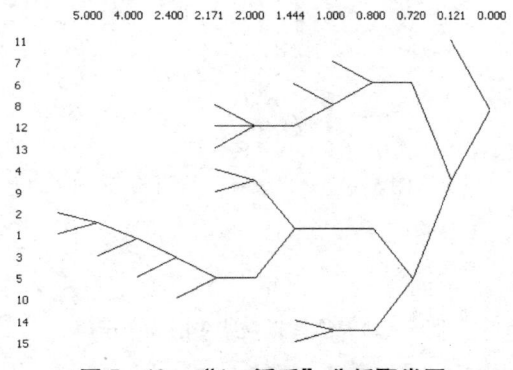

图5-10　"1-派系"分析聚类图

沿着"Network → Subgroups → Cliques"路径进行派系分析，子群的"最小规模"（Minimum size）设为默认值 3（见图 5 – 11）。

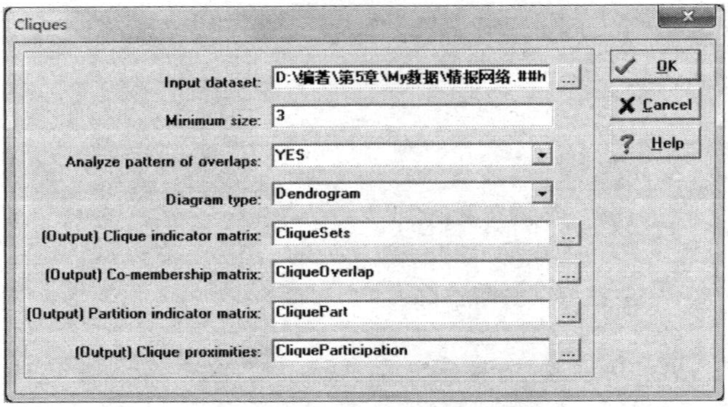

图 5 – 11　"派系"分析的对话框

进行上述派系分析可以得到 8 个规模为 3 的"派系"（见图 5 – 12）。对上述派系分析结果进行整理，可以发现该情报网络中存在 2 个子群（见图 5 – 13）。可见，"派系"分析与"1 – 派系"分析的分析结果非常接近。两者之间的主要差别在于：在"1 – 派系"分析中将"节点 6"划分至第 4 个 1 – 派系，但在"派系"分析中没有将"节点 6"划分至任何一个派系；根据"1 – 派系"分析结果可将"节点 6"划分至第 2 个子群中，而根据"派系"分析结果"节点 6"不能划分至 2 个子群中的任何一个。

```
8 cliques found.

1: 1 2 3 4
2: 1 2 10
3: 1 2 14
4: 2 3 5
5: 2 5 15
6: 7 8 12
7: 7 8 13
8: 1 3 4 9
```

图 5 – 12　"派系"分析结果

1：1、2、3、4、5、9、10、14、15；

2：7、8、12、13。

图 5 – 13　该情报网络中的 2 个子群

在进行上述派系分析时还会得到两个矩阵（见图 5 – 14、图 5 – 15）。

图 5-14 是"行动者-行动者派系共享成员矩阵"(Actor-by-Actor Clique Co-Membership Matrix),该矩阵给出了每一对行动者共同隶属的派系的数目。例如,矩阵中第 1 行第 2 列的值是"3",说明节点 1 和节点 2 共同隶属于三个派系,由上述"派系"分析结果可以看出,他们共同隶属于第 1 个、第 2 个和第 3 个派系。矩阵中第 3 行第 5 列的值是"1",说明节点 3 和节点 5 共同隶属于两个派系,由上述"派系"分析结果可以看出,节点 3 和节点 5 共同隶属于第 8 个派系。主对角线上的值代表的是每个节点隶属的派系的数目。例如,矩阵中第 8 行第 8 列的值是"2",说明节点 8 同时隶属于两个派系,由上述"派系"分析结果可以看出,节点 8 同时隶属于第 6 个和第 7 个派系。

```
Actor-by-Actor Clique Co-Membership Matrix

              1 1 1 1 1 1
  1 2 3 4 5 6 7 8 9 0 1 2 3 4 5
  ------------------------------
 1  4 3 2 2 0 0 0 0 1 1 0 0 0 1 0
 2  3 5 2 1 2 0 0 0 1 1 0 0 1 0 1 1
 3  2 2 3 2 1 0 0 0 1 0 0 0 0 0 0
 4  2 1 2 2 0 0 0 0 1 0 0 0 0 0 0
 5  0 2 1 0 2 0 0 0 0 0 0 0 0 0 1
 6  0 0 0 0 0 0 0 0 0 0 0 0 0 0 0
 7  0 0 0 0 0 0 2 2 0 0 0 1 1 0 0
 8  0 0 0 0 0 0 2 2 0 0 0 1 1 0 0
 9  1 1 1 1 0 0 0 0 1 0 0 0 0 0 0
10  1 1 0 0 0 0 0 0 0 1 0 0 0 0 0
11  0 0 0 0 0 0 0 0 0 0 0 0 0 0 0
12  0 0 0 0 0 0 1 1 0 0 0 1 0 0 0
13  0 0 0 0 0 0 1 1 0 0 0 0 1 0 0
14  1 1 0 0 0 0 0 0 0 0 0 0 0 1 0
15  0 1 0 0 1 0 0 0 0 0 0 0 0 0 1
```

图 5-14 行动者-行动者共享派系矩阵

图 5-15 是"派系-派系共享成员矩阵"(Clique-by-Clique Actor Co-membership matrix),该矩阵给出了每一对"派系"共同拥有的行动者的数目。例如,矩阵中第 2 行第 3 列的值是"2",说明第 2 个和第 3 个派系共同拥有两个节点,由上述"派系"分析结果可以看出,第 2 个和第 3 个派系共同拥有节点 1 和节点 2。主对角线上的值代表的是每个派系包含的行动者的数目。矩阵中第 7 行第 7 列的值是"3",说明第 7 个派系中包含三

个节点,由上述"派系"分析结果可以看出,第 7 个派系包含节点 7、节点 8 和节点 13。

```
Clique-by-Clique Actor Co-membership matrix
      1 2 3 4 5 6 7 8
      ---------------
  1   4 2 2 2 1 0 0 3
  2   2 3 2 1 1 0 0 1
  3   2 2 3 1 1 0 0 1
  4   2 1 1 3 2 0 0 1
  5   1 1 1 2 3 0 0 0
  6   0 0 0 0 0 3 2 0
  7   0 0 0 0 0 2 3 0
  8   3 1 1 1 0 0 0 4
```

图 5−15 派系−派系共享成员矩阵

第二节 基于度数的凝聚子群

一、k−丛

"k−丛"(k-plex)是一个包含 g_s 个节点的子图 G_s,其中每一个节点都与子图 G_s 中的 $(g_s - k)$ 个节点邻接。k−丛是凝聚子群分析中最常用的一个概念,表示一个子群中有 k 个节点,其中每个节点都至少与该子群中除 k 个节点以外的其他节点邻接,即其中每个节点都至少与该子群中的其他节点之间有 $(g_s - k)$ 条连线。可见,一个 k−丛中的任何节点的度数都不小于 $(g_s - k)$。1−丛中的每个节点都与其他 $(g_s - 1)$ 个节点邻接,因此 1−丛是一个最大完备子图,构成了一个"派系"或"1−派系"。2−丛中的每个节点都与其他 $(g_s - 2)$ 个节点邻接,但一个 2−丛可以不是"2−派系"。

图 5−16(a)是一个"3−派系",因为所有节点对之间的距离都不大于 3。但是,图 5−16(a)并不是一个"3−丛",因为与节点 1、3、5、

6 邻接的节点的数目都少于 (6 – 3) = 3 个。图 5 – 16（b）既是一个"3 – 派系",也是一个"3 – 丛"[1]。可见,"n – 派系"与"k – 丛"的最大差别在于:"k – 丛"仅关注节点之间的直接相连,而"n – 派系"也关注节点之间的间接相连。

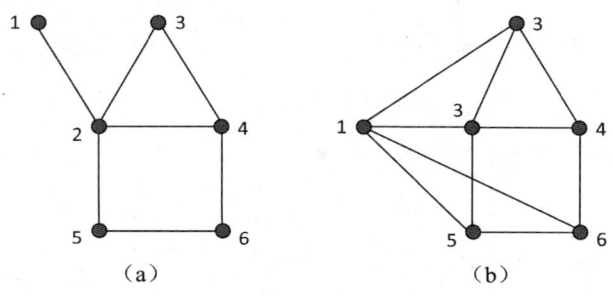

图 5 – 16 一个"3 – 派系"和一个"3 – 丛"

在分析"k – 丛"时的一个重要问题是:如何确定 k – 丛的最小规模,即 k 值是多大时才可以接受。当 k 值的取值较小的时候,k – 丛的规模可以是相对较小的。由于 k 值高的子群的内聚力较小,因此 k 值的增大会产生无意义的结果。表 5 – 1 给出了 k 值与子群规模在经验上的对应值[2]。

表 5 – 1　k 值与子群规模的经验对应值

k 值	k – 丛的最低规模
2	4
3	5
4	7
⋮	⋮
k	$2k-1$

---

[1] 约翰·斯科特. 社会网络分析法（第 2 版）[M]. 刘军译. 重庆:重庆大学出版社,2009:98 – 99.

[2] 刘军. 整体网分析讲义——UCINET 软件实用指南（第 2 版）[M]. 上海:上海人民出版社,2014:167.

二、k-核

"k-核"的定义是：对所有的 $n_i \in N_s$ 来说，如果 $d(n_i) \geq k$，则子图 G_s 是一个 k-核。k-核也是凝聚子群分析中最常用的一个概念，表示一个子群中有 k 个节点，其中每个节点都至少与该子群中的其他 k 个节点邻接，即其中每个节点都至少与该子群中的其他节点之间有 k 条连线。一个"k-核"中每个节点的度数都至少为 k。"k-核"与"k-丛"的主要差别在于："k-核"要求每个节点至少与其他 k 个节点邻接，而"k-丛"要求每个节点至少与除 k 个节点以外的其他节点邻接。通过调整 k 值的大小能得到一系列的 k-核，可以从中发现一些有意义的凝聚子群。

下面仍以上述外商公司中计算机维修部门的情报网络为例，说明通过 Ucinet 软件进行凝聚子群分析的具体过程。沿着"Network → Subgroups → K-plex"路径进行 k-丛分析，如果"k 的取值"（Value of K）设为 3，子群的"最小规模"（Minimum size）设为 4，可以得到多达 310 个 3-丛，说明设定的条件太过宽松（见图 5-17）。如果"k 的取值"设为 2，子群的"最小规模"仍为 4，可以得到 27 个 2-丛。如果"k 的取值"仍为 2，将子群的"最小规模"调整为 5，可以得到 13 个 2-丛（见图 5-18）。

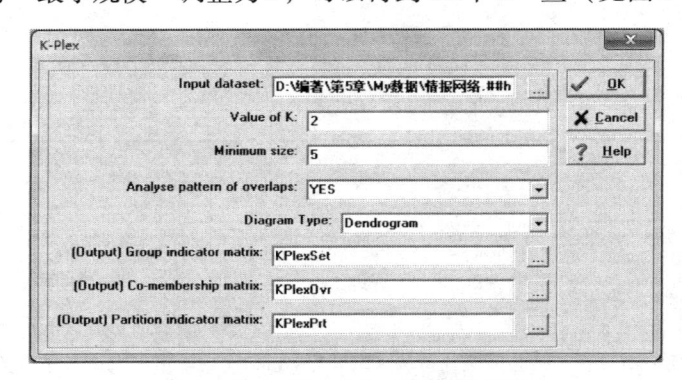

图 5-17　"k-丛"分析的对话框

第五章
凝聚子群分析

```
13 k-plexes found.
1:  1 2 3 4 5 9 10 15
2:  1 2 3 4 10 14 15
3:  1 2 3 5 10 13
4:  1 2 3 5 10 14 15
5:  1 2 3 9 10 14 15
6:  1 2 4 5 10 13
7:  1 2 5 9 10 13
8:  1 2 5 13 15
9:  1 2 10 13 14
10: 1 4 7 10 13
11: 2 4 7 10 13
12: 4 5 7 10 13
13: 6 7 8 12 13
```

图5-18 "2-丛"分析结果

对上述2-丛分析结果进行整理，可以发现该情报网络中存在2个子群（见图5-19）。结合上述2-丛分析结果可以看出，这两个子群基本上互相排斥，仅有节点4和节点7共同隶属于三个2-丛，节点10和节点13共同隶属于六个2-丛。

1：1、2、3、4、5、9、10、14、15

2：6、7、8、12、13

图5-19 该情报网络中的2个子群

在进行上述2-丛分析时还会得到一个矩阵（见图5-20）。图5-20是一个"行动者-行动者k-丛共享成员矩阵"，该矩阵给出了每一对行动者共同隶属的k-丛的数目。例如，矩阵中第5行第13列的值是"5"，说明节点5和节点13共同隶属于五个2-丛，由上述"2-丛"分析结果可以看出，他们共同隶属于第3个、第6个、第7个、第8个和第12个2-丛。主对角线上的值代表的是每个节点隶属的k-丛的数目。例如，矩阵中第9行第9列的值是"3"，说明节点9同时隶属于三个2-丛，由上述"2-丛"分析结果可以看出，节点9同时隶属于第1个、第5个和第7个2-丛。

```
       1 2 3 4 5 6 7 8 9 10 11 12 13 14 15
   1  10 9 5 4 6 0 1 0 3 9  0  0  6  4  5
   2   9 10 5 4 6 0 1 0 3 9  0  0  6  4  5
   3   5 5 5 2 3 0 0 0 2 5  0  0  1  3  4
   4   4 4 2 6 3 0 3 0 1 6  0  0  4  1  2
   5   6 6 3 3 7 0 1 0 2 6  0  0  5  1  3
   6   0 0 0 0 0 1 1 0 0 1  0  0  1  0  0
   7   1 1 0 3 1 1 4 1 0 3  0  1  4  0  0
   8   0 0 0 0 0 1 1 1 0 0  0  0  1  0  0
   9   3 3 2 1 2 0 0 0 3 3  0  0  1  1  2
  10   9 9 5 6 6 0 3 0 3 11 0  0  7  4  4
  11   0 0 0 0 0 0 0 0 0 0  1  0  0  0  0
  12   0 0 0 0 0 1 1 0 1 0  0  0  1  0  0
  13   6 6 1 4 5 1 4 1 1 7  0  1  9  1  1
  14   4 4 3 1 1 0 0 0 1 4  0  0  1  4  3
  15   5 5 4 2 3 0 0 0 2 4  0  0  1  3  5
```

图 5-20 行动者-行动者共享 k-丛矩阵

案例分析 5-1 是 k-核分析应用于文献计量学中的一个例子。

※案例分析 5-1：k-核分析在共现分析中的应用
——我国"微博"研究主题的共词可视化分析[1]

1. 引言

微博，即微博客（MicroBlog），也称即时博客，是一个基于用户关系的信息分享、传播以及获取平台，具有微内容、微形式、微成本等特性和优势，已成为 Web 2.0 时代深受欢迎的新型媒体。2013 年 1 月 15 日发布的《中国互联网络发展状况统计报告》显示，截至 2012 年 12 月底，中国微博用户规模已达 3.09 亿，比 2011 年年底增长了 5873 万。作为互联网发展过程中少有的以内容为核心价值的产品，微博被认为是互联网信息传播最重要的新渠道[2]。在相当短的时间内，微博已经从影响个人生活延伸到

---

[1] 姜鑫. 我国"微博"研究主题的共词可视化分析 [J]. 现代情报，2013，33（11）：108-113.

[2] 袁楚. 微博将创造信息传播新方式——访中国人民大学新闻学院副院长彭兰教授 [J]. 互联网天地，2010，(12)：10-11.

推动信息传播，甚至社会变革的层面。

伴随着国内微博应用的蓬勃发展和微博用户的迅猛增长，有关微博的研究主题也日益受到学术界的关注。我国的"微博"研究文献最早出现于2007年，直到2009年以后研究文献的数量出现了爆发式增长，多个学科的学者从不同的角度展开了大量研究（见图5-21）。由于共词分析法所研究的是某一研究领域当前学术文献所集中关注的主题，并且核心关键词能很好地表现该研究领域的研究主题与前沿演变，因而比较适合探讨新兴研究领域的研究热点、知识结构及其发展趋势[1]。可见，我国的"微博"研究就属于这样的新兴研究领域。

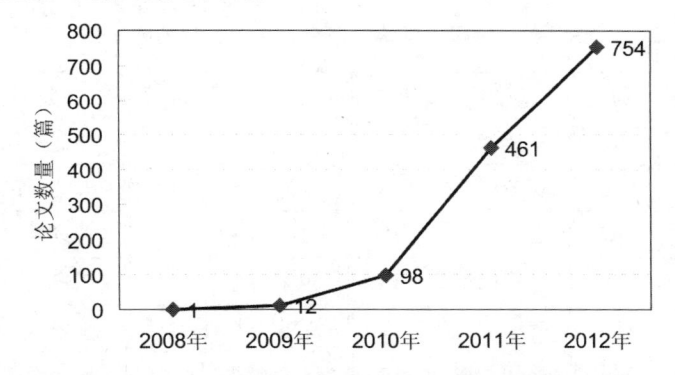

图5-21 2008—2012年我国"微博"研究核心期刊载文量逐年分布图

共词分析（Co-word Analysis）的思想来源于文献计量学的引文耦合与共被引概念，当两个关键词同时出现在一篇文献中时，则称这两个关键词存在共现关系（co-occurrence）。共词分析的主要前提假设是：文献的关键词能够代表文献研究内容的主题，如果两个关键词共同出现在许多文献中，不仅表明这些文献的内容是关联的，而且表明这类关键词之间的"距离"也是接近的。利用近年来兴起的社会网络分析方法，可以将关键词共现网络直接展现出来，通过对关键词二值网络进行 k-核分析，也可以辅

---

[1] 张勤，马费成. 国内知识管理研究结构探讨——以共词分析为方法[J]. 情报学报，2008，27（1）：93-107.

助确定该学科领域内的核心关键词。

2. 数据获取与处理

本文使用的数据来自于《中国期刊全文数据库（CNKI）》，检索条件为："题名=微博 或者 题名=微型博客 或者 题名=Twitter"；文献来源为"核心期刊"；检索数据库为"中国学术期刊网络出版总库"；检索时间为：2012年10月8日；共计检索出1069篇文献，删除通知、简讯、评论等不相关的非学术文献，共计得到1003篇国内"微博"研究文献。在上述1003篇文献中共计出现了2823个关键词，从中选取词频≥7的高频关键词85个（见表5-2）。

表5-2 我国"微博"研究论文的高频关键词表

高频词	词频	高频词	词频	高频词	词频	高频词	词频
传统媒体	168	舆情	19	信息公开	13	传播效果	8
信息传播	76	舆论引导	18	实名认证	13	即时通讯	8
博客	67	大学生	18	大众传播	12	读者	8
受众	56	社会网络	18	传播学	12	用户关系	8
新媒体	50	政府部门	17	新闻媒体	12	传播形态	8
新浪微博	49	新闻传播	17	公共领域	12	新闻周刊	8
信息发布	42	思想政治教育	17	公信力	12	社会舆论	8
粉丝	38	主流媒体	16	新闻线索	11	两会	8
微博用户	37	舆论监督	16	新闻事件	11	人际传播	8
微博营销	35	微博问政	16	社会化	11	平面媒体	8
意见领袖	33	Twitter	16	公共事件	11	媒介素养	8
记者	30	网络舆论	16	关注度	11	媒介融合	8
谣言	29	政府机构	15	政治参与	10	直播	7
互动性	27	社会管理	15	表达自由	10	盈利模式	7
突发事件	26	政府官员	15	传播者	10	言论自由	7
传播方式	25	报纸	15	领导干部	10	信息发布平台	7

续表

高频词	词频	高频词	词频	高频词	词频	高频词	词频
政务微博	24	用户数	14	政务公开	9	新闻生产	7
图书馆	23	虚假信息	14	影响力	9	手机短信	7
碎片化	23	传播模式	14	信息服务	9	实证研究	7
网络媒体	22	门户网站	14	电视媒体	9		
新闻报道	20	话语权	14	金庸	9		
转发	19	议程设置	13	获取信息	9		

分别统计这85个高频关键词在1003篇文献中共同出现的次数，得到一个85×85的高频关键词共现关系矩阵 Z_{ij}，其中 z_{ij} 表示关键词 i 与关键词 j 共同出现的次数，主对角线上的元素表示每个关键词的词频（见表5-3）。

表5-3 高频关键词共现矩阵（部分）

	传统媒体	信息传播	博客	受众	新媒体	新浪微博	信息发布	粉丝
传统媒体	168	35	23	41	33	12	26	19
信息传播	35	76	21	15	9	4	14	4
博客	23	21	67	6	6	7	15	5
受众	41	15	6	56	12	3	8	8
新媒体	33	9	6	12	50	5	5	5
新浪微博	12	4	7	3	5	49	5	8
信息发布	26	14	15	8	5	5	42	7
粉丝	19	4	5	8	5	8	7	38

然后采用 Salton 指数法进一步将原始共词矩阵（co-word matrix）转换为相关矩阵（correlation matrix）（见表5-4）。Salton 指数法的计算公式是：$S = C_{ij}/(C_i \times C_j)^{1/2}$，其中 C_i、C_j 分别表示关键词 i 和关键词 j 的词频，C_{ij} 表示关键词 i 与关键词 j 的共现频次。

表5-4　高频关键词相关矩阵（部分）

	传统媒体	信息传播	博客	受众	新媒体	新浪微博	信息发布	粉丝
传统媒体	1.0000	0.3097	0.2168	0.4227	0.3601	0.1323	0.3095	0.2378
信息传播	0.3097	1.0000	0.2943	0.2299	0.1460	0.0655	0.2478	0.0744
博客	0.2168	0.2943	1.0000	0.0980	0.1209	0.2618	0.0943	0.3766
受众	0.4227	0.2299	0.0980	1.0000	0.2268	0.0573	0.1650	0.1734
新媒体	0.3601	0.1460	0.1209	0.2268	1.0000	0.1010	0.1091	0.1147
新浪微博	0.1323	0.0655	0.2618	0.0573	0.1010	1.0000	0.1102	0.1854
信息发布	0.3095	0.2478	0.0943	0.1650	0.1091	0.1102	1.0000	0.1752
粉丝	0.2378	0.0744	0.3766	0.1734	0.1147	0.1854	0.1752	1.0000

将高频关键词共现矩阵 Z_{ij} 导入社会网络分析软件 Ucinet 6.2（将主对角线上的元素全部替换为0），然后通过 Ucinet 的绘图软件工具 NetDraw 直接展现原始共词矩阵中关键词之间的共现关系（见图5-22）。

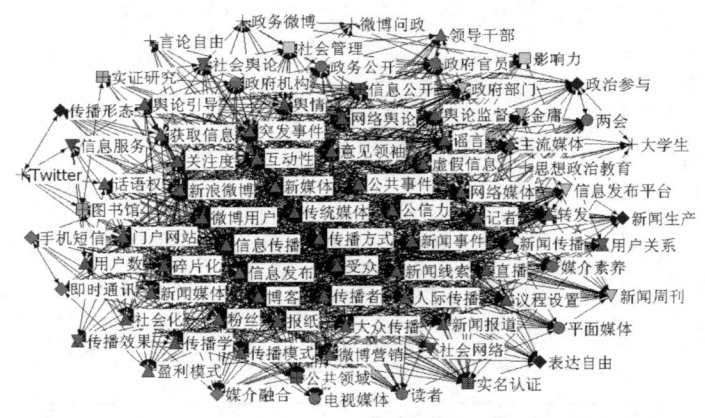

图5-22　我国"微博"研究论文的高频关键词共现网络图谱

3. 数据分析

通过对高频关键词二值矩阵进行 k-核分析有助于确定该研究领域内的核心-边缘关键词[1]。k-核（k-core）是一个建立在节点度数基础上的

---

[1] Yang Y, Wu M Z, Cui L. Integration of three visualization method based on co-word analysis [J]. Scientometrics, 2012, 90 (2): 659-673.

凝聚子群概念，k-核的定义是：对于所有的节点 $n_i \in N_s$ 来说，如果 $d(n_i) \geq k$，则称子图 G_s 是 k-核，其中 $d(n_i)$ 是指与节点 n_i 相邻接的节点数。一个 k-核是一个最大子图，其中每个节点都至少与其他 k 个节点邻接，即 k-核中所有节点的度数都至少为 k。在原始共词矩阵中非零元素的平均值约为 2.44，因而将共现频次的阈值设定为 2，在 Ucinet 6.2 中沿着 "Transform→Dichotomize" 路径，将原始共词矩阵（co-word matrix）转换为二值矩阵（binary matrix），在绘图工具 NetDraw 中沿着 "Analysis→K-cores" 路径对二值矩阵进行 k-核分析，分析结果如图 5-3 所示。其中，▲和▼分别表示 $k=9$、8 时所对应的 9-核和 8-核，它们代表了研究领域内的核心关键词；■，●和◆分别表示表示 $k=7$、6、5 时所对应的 7-核、6-核和 5-核，它们代表了研究领域内的次级核心关键词。

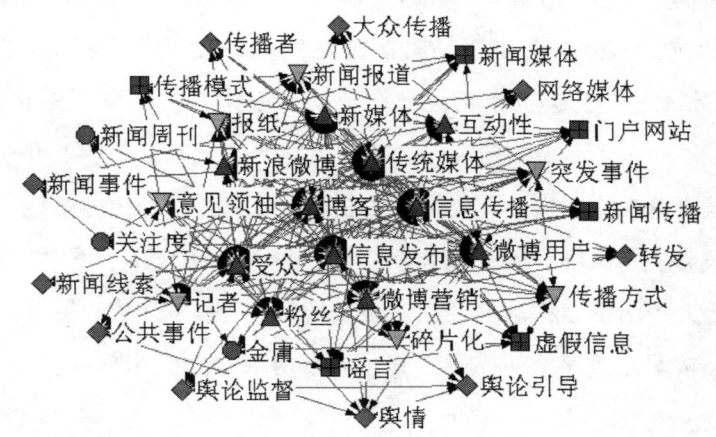

图 5-23 高频关键词二值矩阵的 k-核分析结果（$k=5$、6、7、8、9）

第六章 结构洞分析

1992年,美国社会学家罗纳德·伯特(Ronald Burt)在《结构洞:竞争的社会结构》一书中首次提出了"结构洞"(Structural Holes)理论。目前,结构洞理论已经在经济学、社会学和管理学等诸多领域产生了广泛且深远的影响。国内学者对于结构洞理论的关注始于1999年,张其仔在《社会资本论——社会资本与经济增长》一书中首次提到了结构洞理论,其后出现了一系列有关结构洞理论的探索性研究成果。胡蓉、邓小昭提出了结构洞理论在人际情报网络分析中的应用[1]。汪丹对几种结构洞算法进行了比较分析并探讨了结构洞理论在情报分析领域中的应用[2-3]。刘广为、杨雅芬等人指出了结构洞理论在科技资源共享中的应用[4]。盛亚、范栋梁提出了结构洞分类理论并探讨了其在创新网络中的应用[5]。姜卫韬、梁丹

---

[1] 胡蓉,邓小昭. 基于结构洞理论的个人人际网络分析系统研究[J]. 情报学报,2005,24(4):486-489.
[2] 汪丹. 结构洞算法的比较与测评[J]. 现代情报,2008,(1):153-156.
[3] 汪丹. 结构洞理论在情报分析中的应用与展望[J]. 情报杂志,2009,(1):183-186.
[4] 刘广为,杨雅芬,张文德. 科技资源共享中"桥"的应用——基于人际网络"结构洞"理论的研究[J]. 图书情报工作,2009,53(20):60-64.
[5] 盛亚,范栋梁. 结构洞分类理论及其在创新网络中的应用[J]. 科学学研究,2009,27(9):1407-1411.

等人研究了结构洞理论在解释企业家社会资本形成机制中的应用[1-2]。谢英香、冯锐探讨了结构洞理论在研究虚拟学习社区内信息获取行为中的应用[3]。本章结合两种最常用的结构洞测度指标探讨结构洞理论在组织隐性知识共享活动中的应用。

第一节 结构洞的相关概念

从关系缺失的角度来看,如果网络中的一个行动者所联结的另外两个行动者之间没有直接联系时,该行动者所处的位置就是结构洞,Burt 指出"非冗余的联系人被结构洞所连接,一个结构洞是两个行动者之间的非冗余的联系"[4]。从关系的对等性角度来看,如果两个行动者与网络中的同一行动者群体之间共享同样的关系,则这两个行动者之间是结构对等的。这两个行动者之间可能没有直接联系,但每个行动者的关系网络却可能是相同的,因此从"自我"的角度来看,这两个行动者提供的信息是冗余的。例如,图 6-1 中与"自我"联系的三个行动者就是结构对等的。

---

[1] 姜卫韬. 基于结构洞理论的企业家社会资本影响机制研究 [J]. 南京农业大学学报(社会科学版),2008,8(2):21-28.
[2] 梁丹,葛玉辉,陈悦明. 结构洞理论在高管团队社会资本中的应用研究展望 [J]. 华东经济管理,2010,24(4):97-99.
[3] 谢英香,冯锐. 结构洞:虚拟学习社区信息获取行为研究 [J]. 软件导刊,2010,9(8):19-21.
[4] Burt R S. Structural Holes: The Social Structure of Competition [M]. Cambridge,MA: Harvard University Press,1992:18-19.

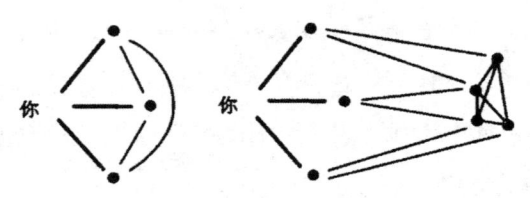

图 6-1 结构洞图示❶

（图中粗线表示强关系，细线表示冗余关系）

结构洞代表由至少三个行动者之间的关系构成的一种特殊结构。结构洞能为其占据者获取"信息利益"和"控制利益"提供机会，从而比网络中其他位置上的行动者更具有竞争优势。结构洞能为其占据者所带来的具体利益，取决于网络的性质以及网络中的行动者。如果网络中的行动者是"个人"，结构洞能为这个人提供非冗余的信息，从而为其带来职位的晋升、工资的增长或者声望的提高等。如果网络中的行动者是"社区"，结构洞可能为社区的发展提供机遇。如果网络中的行动者是"高校"，结构洞可以为学校声望的提高作出贡献❷。

在一个社会网络中，可能同时存在不同层次的结构洞。先举一个比较简单的例子，"自我"所在的网络中存在三个层次的结构洞（见图6-2）：①关系人A所在的群体中的人与"自我"所在的群体中的每个人之间的结构洞，如关系人A和关系人C之间的结构洞；②关系人B所在的群体中的人与"自我"所在的群体中的每个人之间的结构洞，如关系人B和关系人C之间的结构洞；③关系人A和关系人B之间的结构洞❸。

---

❶ 罗纳德·伯特. 结构洞：竞争的社会结构 [M]. 任敏，李璐，林虹译. 上海：上海人民出版社，2008：19.
❷ 刘军. 整体网分析讲义——UCINET软件实用指南 [M]. 上海：上海人民出版社，2009：191-192.
❸ 罗纳德·伯特. 结构洞：竞争的社会结构 [M]. 任敏，李璐，林虹译. 上海：上海人民出版社，2008：27.

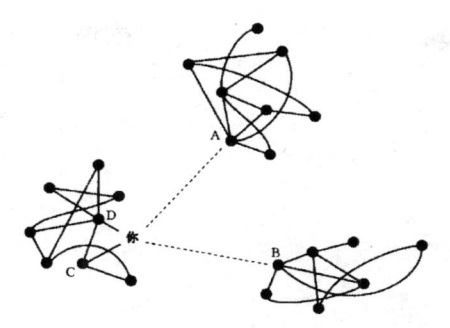

图 6-2　具有结构洞的社群图

（图中粗线表示强关系，虚线表示弱关系）

再举一个比上例略微复杂的例子，在一个行动者 Robert 的社会网络中存在三个层次的结构洞（见图 6-3）：①A 群体中的一部分人与 Robert 所在的 B 群体中的一部分人之间的结构洞，如关系人 7 和关系人 3 之间的结构洞；②C 群体中的人与 B 群体中除 Robert 以外的每个人之间的结构洞；③A 群体中的人和 C 群体的人之间的结构洞，如关系人 6 和关系人 7 之间的结构洞。这三个层次的"结构洞"位置的控制能力有所不同，当然这也取决于与周围邻接节点之间的直接关系以及与网络中所有行动者之间的关系[1]。

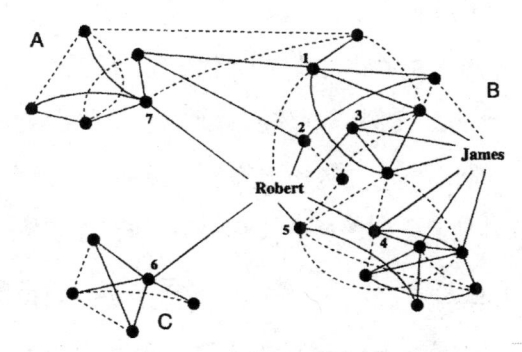

图 6-3　具有结构洞的社群图

（图中粗线表示强关系，虚线表示弱关系）

---

[1] Burt R S. The network structure of social network [J]. Organizational Behavior, 2000, 22: 345-423.

第二节 结构洞的测度指标

结构洞的计算比较复杂，总体而言存在两类计算指标：第一类是 Burt 给出的结构洞指数；第二类是中介中心度指数。

一、结构洞指数

Burt 给出的结构洞指标要考虑四个方面：有效规模（Effective Size）、效率（Efficiency）、限制度（Constraint）、等级度（Hierarchy），其中第三个指标最重要[1]。

（1）有效规模：一个行动者的有效规模等于该行动者的个体网规模减去网络的冗余度，即有效规模等于网络中的非冗余因素。行动者 i 的有效规模的计算公式为：$\sum_{j}\left(1-\sum_{q}p_{iq}m_{jq}\right), q \neq i,j$。其中，$j$ 代表与自我点 i 邻接的所有节点，q 代表除了节点 i 或节点 j 以外的每个节点。$p_{iq}m_{jq}$ 代表自我点 i 与特定点 j 之间的冗余度，其中 p_{iq} 代表行动者 i 投入到关系人 j 的关系上的时间和精力所占的比例，m_{jq} 代表关系人 j 到关系人 q 的关系的边际强度（marginal strength），m_{jq} 在数值上等于"关系人 j 到关系人 q 的关系"除以"关系人 j 到其他关系人的所有关系中最强的关系"[2]。对于一个二值网络来说，m_{jq} 的取值总是"1"或者"0"。$\sum_{q}p_{iq}m_{jq}$ 测量的是"行动者 i 到关系人 j 的关系"相对于"关系人 i 到其他关系人的关系"的比例

---

[1] 刘军. 整体网分析讲义——UCINET 软件实用指南[M]. 上海：上海人民出版社，2009：194-197.

[2] 罗纳德·伯特. 结构洞：竞争的社会结构[M]. 任敏，李璐，林虹译. 上海：上海人民出版社，2008：53-54.

(见图6-4)。

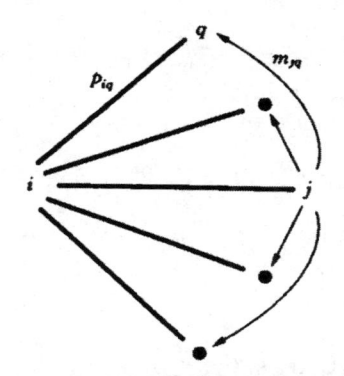

图6-4 "有效规模"计算图示[1]

Borgatti 给出了计算冗余度的简单算法,即行动者 i 的冗余度就是"其所在的个体网中其他节点的平均度数",即行动者 i 的冗余度可以简化计算为 $2l/n$,其中 l 是行动者 i 的个体网中的连线数(不包括与自我点 i 关联的连线数),n 是行动者 i 的个体网规模(不包括自我点 i)[2]。因此,行动者 i 的有效规模是 $n - 2l/n$。在图6-5所示的5点图中,节点 A 的个体网成员包括:节点 B、节点 C、节点 D 和节点 E,它们的度数分别为:$d(B) = 1$,$d(C) = 0$,$d(D) = 1$,$d(E) = 2$,因此,节点 A 的"冗余度"为:$\frac{1+0+1+2}{4} = \frac{4}{4} = 1$,则节点 A 的"有效规模"为:$4 - 1 = 3$。

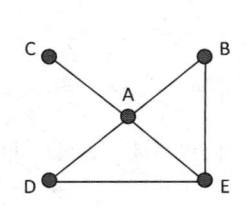

	A	B	C	D	E
A	0	1	1	1	1
B	1	0	0	0	1
C	1	0	0	0	0
D	1	0	0	0	1
E	1	1	0	1	0

图6-5 一个5点图及其邻接矩阵

---

[1] 罗纳德·伯特. 结构洞:竞争的社会结构 [M]. 任敏,李璐,林虹译. 上海:上海人民出版社,2008:53.

[2] Borgatti S P, Everett M G. Network analysis of 2 - mode date [J]. Social Network, 1997, 19:243 - 269.

节点 B 的个体网成员包括：节点 A 和节点 E，它们的度数分别为：$d(A)=1$，$d(E)=1$，因此，节点 B 的"冗余度"为：$\frac{1+1}{2}=\frac{2}{2}=1$，则节点 B 的"有效规模"为：$2-1=1$。节点 D 与节点 B 在结构上是对等的，因此节点 D 的"冗余度"也为 1，并且节点 D 的"有效规模"也为 1。节点 C 的个体网成员只有一个：节点 A，节点 A 的度数为：$d(A)=0$，因此，节点 C 的"冗余度"为：$\frac{0}{1}=0$，则节点 C 的"有效规模"为：$1-0=1$。节点 E 的个体网成员包括：节点 A、节点 B 和节点 D，它们的度数分别为：$d(A)=2$，$d(B)=1$，$d(D)=1$，因此，节点 E 的"冗余度"为：$\frac{2+1+1}{3}=\frac{4}{3}\approx 1.33$，则节点 E 的"有效规模"为：$3-1.33=1.67$。

（2）效率：一个节点的效率等于该节点的有效规模与实际规模之比。在图 6-5 所示的 5 点图中，节点 A 的"有效规模"为 3，它的"实际规模"为 4，因此，节点 A 的"效率"为 $3/4=0.75$。节点 B 的"有效规模"为 1，它的"实际规模"为 2，因此，节点 B 的"效率"为 $1/2=0.5$。节点 D 与节点 B 在结构上是对等的，因此节点 D 的"效率"也为 0.5。节点 C 的"有效规模"为 1，它的"实际规模"也为 1，因此，节点 C 的"效率"为 $1/1=1$。节点 E 的"有效规模"为 1.667，它的"实际规模"为 3，因此，节点 E 的"效率"为 $1.667/3\approx 0.556$。

（3）限制度：一个行动者受到的"限制度"，是指该行动者在其网络中拥有的运用结构洞的能力。Burt 认为"你自己的机会受到的限制取决于两点：

①你曾经投入了大量时间和精力的另外一个关系人 q；

②关系人 q 在多大程度上向关系人 j 的关系投入大量的精力[1]。"行动

---

[1] Burt R S. Structural holes：The social structure of competition [M]. Cambridge, MA：Harvard University Press，1992：53-54.

者 i 受到关系人 j 的限制度指标为：$C_{ij} = \left(p_{ij} + \sum_q p_{iq} p_{qj} \right)^2$，其中 p_{ij} 代表在行动者 i 的全部关系中，投入到关系人 j 的关系占全部关系的比例，关系人 q 为除行动者 i 和关系人 j 以外的其他关系人（见图 6-6）。

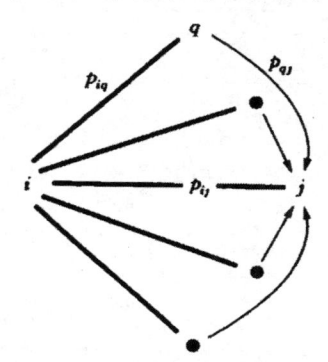

图 6-6 "限制度"计算图示[1]

（4）等级度：根据 Burt 的观点，等级度指的是限制性在多大程度上集中在一个行动者身上。其计算公式为：$H = \dfrac{\sum_j \left(\dfrac{C_{ij}}{C/N}\right) \ln \left(\dfrac{C_{ij}}{C/N}\right)}{N \ln N}$，其中 N 是行动者 i 的个体网规模。C/N 是各节点的限制度的均值，公式的分母代表最大可能的总和值。一个节点的等级度越大，说明该节点越受限制。

在 Ucinet 6.2 软件中，沿着 "Network → Ego-networks → Structural Holes" 路径，对图 6-5 所示的 5 点图进行结构洞分析，其中 "Method" 提供了两个选项：① "Whole network method"，针对的是 "整体网" 数据；② "Ego network method"，针对的是 "个体网" 数据（见图 6-7）。将图 6-5 所示的 5 点图看成是 "整体网"（"Method" 选择 "Whole network method"），所得结构洞分析结果如图 6-8（a）所示；将其看成是 "个体网"（"Method" 选择 "Ego network method"），所得结构洞分析结果如图

---

[1] 罗纳德·伯特. 结构洞：竞争的社会结构 [M]. 任敏，李璐，林虹译. 上海：上海人民出版社，2008：53.

6-8（b）所示。

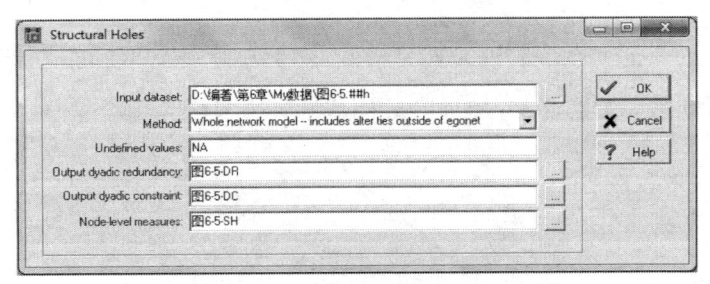

图 6-7 "结构洞"分析的对话框

Dyadic Redundancy

```
     A     B     C     D     E
     ----- ----- ----- ----- -----
A   0.00  0.25  0.00  0.25  0.50
B   0.50  0.00  0.00  0.00  0.50
C   0.00  0.00  0.00  0.00  0.00
D   0.50  0.00  0.00  0.00  0.50
E   0.67  0.33  0.00  0.33  0.00
```

Dyadic Redundancy

```
     A     B     C     D     E
     ----- ----- ----- ----- -----
A   1.00  0.25  0.00  0.25  0.50
B   0.50  1.00  0.00  0.00  0.50
C   0.00  0.00  1.00  0.00  0.00
D   0.50  0.00  0.00  1.00  0.50
E   0.67  0.33  0.00  0.33  1.00
```

Dyadic Constraint

```
     A     B     C     D     E
     ----- ----- ----- ----- -----
A   0.00  0.11  0.06  0.11  0.25
B   0.44  0.00  0.00  0.00  0.39
C   1.00  0.00  0.00  0.00  0.00
D   0.44  0.00  0.00  0.00  0.39
E   0.44  0.17  0.00  0.17  0.00
```

Dyadic Constraint

```
     A     B     C     D     E
     ----- ----- ----- ----- -----
A   0.00  0.11  0.06  0.11  0.25
B   0.56  0.00  0.00  0.00  0.56
C   1.00  0.00  0.00  0.00  0.00
D   0.56  0.00  0.00  0.00  0.56
E   0.44  0.20  0.00  0.20  0.00
```

图 6-8（a） 视为"整体网"的分析结果　　图 6-8（b） 视为"个体网"的分析结果

对比图 6-8（a）和图 6-8（b）"冗余度"（Redundancy）的计算结果，如果不考虑主对角线上的元素，可以看出两者的计算结果完全相同，与上述人工计算的结果也是完全一致的，说明两者采用了相同的"冗余度"算法。对比图 6-8（a）和图 6-8（b）"限制度（Constraint）"的计算结果，可以发现节点 A 和节点 C 的计算结果完全相同，但节点 B、节点 D 和节点 E 的计算结果不同。其原因在于无论将图 6-5 看成是"整体网"还是"个体网"，节点 A 和节点 C 的个体网成员都是一样的，但节点 B、节点 D 和节点 E 的情况并非如此。因此，应根据研究的网络的性质决定选择采用"整体网"还是"个体网"进行计算[1]。

在进行上述"结构洞"分析时还会得到"结构洞测度指标"(Structural Hole Measures)的计算结果。图6-9(a)是将图6-5所示的5点图看成是"整体网"所得的计算结果。其中,"EffSize"代表"有效规模"(Effective Size),"Efficie"代表"效率"(Efficiency),"Constra"代表"限制度"(Constraint)、"Hierarc"代表"等级度"(Hierarchy)。图6-9(b)是将上述5点图看成是"个体网"所得的计算结果。其中,除了上述几个测度指标以外,还增加了"Degree"("度数")、"Density"("密度")等指标。

Structural Hole Measures

	EffSize	Efficie	Constra	Hierarc	Indirec
A	3.000	0.750	0.535	0.092	0.417
B	1.000	0.500	0.835	0.003	0.292
C	1.000	1.000	1.000	1.000	0.000
D	1.000	0.500	0.835	0.003	0.292
E	1.667	0.556	0.792	0.099	0.500

图6-9(a)　视为"整体网"的分析结果

Structural Hole Measures

	Degree	EffSize	Efficienc	Constrain	Hierarchy	Ego Betwe	Ln(Constr	Indirects	Density
A	4.000	3.000	0.750	0.535	0.092	7.000	-0.626	0.417	0.333
B	2.000	1.000	0.500	1.125	0.000	0.000	0.118	0.500	1.000
C	1.000	1.000	1.000	1.000	1.000	0.000	0.000	0.000	1.000
D	2.000	1.000	0.500	1.125	0.000	0.000	0.118	0.500	1.000
E	3.000	1.667	0.556	0.840	0.074	1.000	-0.175	0.556	0.667

图6-9(b)　视为"个体网"的分析结果

二、中介中心度指数

由于占据结构洞位置的中间人通常在网络中居于重要地位,因此也可以采用Freeman给出的中介中心度(Betweenness centrality)指数作为结构洞指数,用它来测量行动者对资源的控制程度。

---

[1] 刘军. 整体网分析讲义——UCINET软件实用指南[M]. 上海:上海人民出版社,2009:197-199.

在一个整体网中，如果一个行动者处于许多其他两点之间的路径上，则该行动者具有较高的中介中心度，它可能起到重要的"中介"作用，在网络中处于"中心"位置，拥有较多的结构洞。

节点 n_i 的绝对中介中心度记为：$C_B(n_i) = \sum_{j<k} g_{jk}(n_i)/g_{jk}$，其中 g_{jk} 表示 n_j 与 n_k 之间存在的捷径的数目，$g_{jk}(n_i)$ 表示节点 n_j 与节点 n_k 之间存在的经过节点 n_i 的捷径的数目。

节点 n_i 的相对中介中心度记为：$C'_B(n_i) = \dfrac{2C_B(n_i)}{(N-1)(N-2)} = \dfrac{2\sum_{j<k} g_{jk}(n_i)/g_{jk}}{(N-1)(N-2)}$，其中 N 为网络规模❶。

中介中心势衡量了网络中中介中心度最高的节点的中介中心度与其他节点的中介中心度的差距。该节点与其他节点的差距越大，则该网络的中介中心势越高。

图的中介中心势记为：$C_B = \dfrac{2\sum_{i=1}^{N}[C_{Bmax} - C_B(n_i)]}{(N-1)^2(N-2)} = \dfrac{\sum_{i=1}^{N}[C'_{Bmax} - C'_B(n_i)]}{N-1}$，其中 C_{Bmax} 为图中最大的绝对中介中心度，C'_{Bmax} 为图中最大的相对中介中心度，N 为网络规模❶。因为只有在星形网络的情况下，图中节点的中介中心度才可能达到如下最大值：$C_{Bmax} = \dfrac{(N-1)(N-2)}{2}$。

沿着"Network→Centrality→Freeman Betweenness→Node Betweenness"路径，计算图 6-5 所示的 5 点图中各节点的中介中心度，计算结果如图 6-10 所示。由图 6-10 可见，节点 A 的中介中心度为 3.5，这是全部 5 个节点中最高的，因此，节点 A 占据了网络中最多的"结构洞"位置。节点

---

❶ 刘军. 社会网络分析导论 [M]. 北京：社会科学文献出版社，2004：123-126.

E 的中介中心度为 0.5，这是全部 5 个节点中次高的，因此，节点 E 也占据了网络中较多的"结构洞"位置。节点 B、节点 C 和节点 D 的中介中心度均为 0，因此，这三个节点都没有占据任何"结构洞"位置。整个网络的中介中心势指数为 56.25%。

```
            1           2
        Betweenness  nBetweenness
        -----------  ------------
   A       3.500        58.333
   E       0.500         8.333
   B       0.000         0.000
   D       0.000         0.000
   C       0.000         0.000

Network Centralization Index = 56.25%
```

图 6-10　图 6-5 的中介中心度分析结果

总的来说，Burt 给出的结构洞指数主要适用于个体网，而中介中心度指数主要适用于整体网。

案例分析 6-1 是结构洞分析应用于企业知识管理中的一个例子。

※案例分析 6-1：结构洞分析在组织社会网络内隐性知识共享中的应用[1]

组织中的社会网络是组织内成员因为业务、兴趣和目标相近而形成的非正式团体，其成员在团体内分享知识及交流情感，因此在各种类型的组织内都广泛存在着多种多样的社会网络，组织内成员在社会网络中的非正式交流就成为隐性知识的交流与共享的重要渠道。Nonaka 认为，占知识绝大部分的经验类隐性知识和未编码化显性知识由于其个人属性以及人的大脑的特殊性而难于通过正式交流获得，只能通过非正式交流得以共享[2]。

---

[1] 姜鑫. 基于"结构洞"视角的组织社会网络内隐性知识共享研究 [J]. 情报资料工作，2012，(1): 32-36.

[2] Nonaka I, Takeuchi H. The knowledge-creating company: How Japanese companies create the dynamics of innovation [M]. New York: New Oxford University Press, 1995: 56-61.

组织内社会网络的存在使隐性知识共享不一定通过"隐性知识→显性知识→隐性知识"的传递模式，而可以直接通过"隐性知识→隐性知识"的传递模式[1]。

下面以一家高新技术企业研发部门的成员之间以隐性知识交流为基础的社会网络为例。本次调研主要采用问卷调查法。首先将该研发部门的成员进行编号，根据问卷调查结果以成员之间是否发生隐性知识交流与共享为条件建立一个 18×18 的邻接矩阵 Z_{ij}，其中 Z_{ij} 表示成员 i 与成员 j 之间是否存在隐性知识的交流与共享关系。如果成员 i 与成员 j 之间进行隐性知识的交流与共享，那么 $Z_{ij}=1$，否则 $Z_{ij}=0$。将邻接矩阵 Z_{ij} 导入社会网络分析软件 Ucinet 6.2，然后运用 Ucinet 的绘图软件工具 NetDraw 绘制出该研发部门的社群图，如图 6-11 所示。

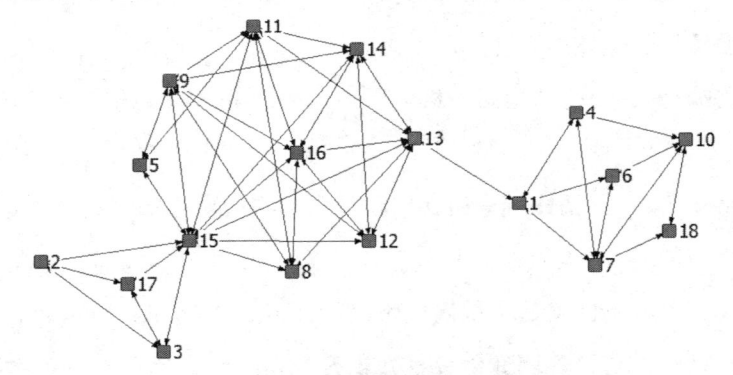

图 6-11 某研发部门的社群图

在 Ucinet 6.2 软件中沿着 "Network→Cohesion→Density→(new) Density Overall" 路径计算该社会网络的密度为 0.2876，说明该社会网络内各成员之间的联系不够紧密，成员之间的隐性知识交流不太频繁，不利于隐性知识的共享和传播，这也表明在网络中存在着大量的结构洞，有部分成员具备充分利用结构洞优势的可能，例如成员 1 明显地占据多个结构洞位置。

---

[1] 周晓宏，郭文静. 基于社会网络的隐性知识转移研究 [J]. 中国科技论坛，2008，(12)：88-90.

第六章
结构洞分析

从结构对等性的角度来看，成员 4 和 6 联接着一组相同的成员，因而在结构地位上是对等的（在社群图中交换成员 4 和 6 的位置，社群图的结构完全没有变化，从这一点亦可做出上述判断），尽管他们之间没有直接联系，但从网络中的知识流程来看，他们通向同样的知识来源，因此，对于网络中与这两个成员连结的其他成员来说（成员 1 和 10），与这两个成员之间的联系是冗余性的。

沿着"Network → Ego-networks → Structural Holes"路径进行结构洞分析，其中"Method"一项选择"Ego network method"，分析结果如图 6-12 所示。由图 6-12 可见，成员 15 的有效规模（Effective Size）最大，其次是成员 13，这也印证了社群图中所表现出来的两位成员在网络中居于核心地位的表象；与此相对应的是，成员 15 的限制度（Constraint）最小，其次是成员 13。成员 18 的限制度最高，其次是成员 2、3、5、17，这些限制度较高的成员处于网络中的边缘地位。成员 10 的等级度（Hierarchy）最高，其次是成员 1、4、6，这些等级度较高的成员也处于边缘地位。成员 1 的效率（Efficiency）最高，其次是成员 7、10、15，说明这些成员对其个体网中其他成员的影响程度比较大。

Structural Hole Measures

	Degree	EffSize	Efficienc	Constrain	Hierarchy	Ego Betwe	Ln(Constr	Indirects	Density
1	4.000	3.000	0.750	0.535	0.092	7.000	-0.626	0.417	0.333
2	3.000	1.000	0.333	0.926	0.000	0.000	-0.077	0.667	1.000
3	3.000	1.000	0.333	0.926	0.000	0.000	-0.077	0.667	1.000
4	3.000	1.667	0.556	0.840	0.074	1.000	-0.175	0.556	0.667
5	3.000	1.000	0.333	0.926	0.000	0.000	-0.077	0.667	1.000
6	3.000	1.667	0.556	0.840	0.074	1.000	-0.175	0.556	0.667
7	5.000	3.000	0.600	0.562	0.039	5.333	-0.576	0.650	0.500
8	5.000	1.400	0.280	0.638	0.008	0.500	-0.449	0.780	0.900
9	7.000	3.000	0.429	0.473	0.039	4.667	-0.749	0.784	0.667
10	4.000	2.500	0.625	0.684	0.168	3.000	-0.380	0.563	0.500
11	7.000	2.714	0.388	0.474	0.025	3.800	-0.747	0.799	0.714
12	5.000	1.400	0.280	0.638	0.008	0.500	-0.449	0.780	0.900
13	7.000	3.571	0.510	0.421	0.038	13.667	-0.866	0.681	0.571
14	6.000	1.667	0.278	0.549	0.004	0.800	-0.600	0.811	0.867
15	11.000	7.000	0.636	0.292	0.017	53.633	-1.232	0.773	0.400
16	7.000	2.143	0.306	0.480	0.006	1.633	-0.735	0.827	0.810
17	3.000	1.000	0.333	0.926	0.000	0.000	-0.077	0.667	1.000
18	2.000	1.000	0.500	1.125	0.000	0.000	0.118	0.500	1.000

图 6-12 该社会网络的结构洞分析结果（部分）

沿着"Network→Centrality→Freeman Betweenness→Node Betweenness"路径计算各成员的中介中心度，计算结果如图6-13所示。由图6-13可见，成员1、13的中介中心度最大，成员15次之，表明这些成员在社会网络内的隐性知识交流与共享中处于枢纽地位，占据较多的结构洞位置，具备汇集多方有价值知识的结构洞优势，最能控制其他成员之间的隐性知识交流。成员2、3、5、17、18的中介中心度为0，表明这些成员没有占据任何结构洞位置，参与网络内的隐性知识交流的意愿和能力不足，无法将其他成员有效地联系起来，完全不能控制其他成员之间的隐性知识交流。整个网络的中介中心势为42.46%，表明成员13能在很大程度上控制其他成员之间的隐性知识交流与共享。

```
         1           2
      Betweenness nBetweenness
      ----------- ------------
 13     66.650      49.007
  1     60.333      44.363
 15     48.817      35.895
  7     18.667      13.725
 11      5.867       4.314
  4      4.333       3.186
  6      4.333       3.186
  9      2.150       1.581
 16      1.817       1.336
 14      1.367       1.005
 10      1.333       0.980
  8      1.167       0.858
 12      1.167       0.858
  5      0.000       0.000
  2      0.000       0.000
  3      0.000       0.000
 17      0.000       0.000
 18      0.000       0.000
```

DESCRIPTIVE STATISTICS FOR EACH MEASURE

```
                     1            2
                Betweenness  nBetweenness
                -----------  ------------
 1   Mean          12.111        8.905
 2   Std Dev       21.422       15.751
 3   Sum          218.000      160.294
 4   Variance     458.883      248.098
 5   SSQ        10900.108     5893.225
 6   MCSSQ       8259.887     4465.769
 7   Euc Norm     104.404       76.767
 8   Minimum        0.000        0.000
 9   Maximum       66.650       49.007
10   N of Obs      18.000       18.000
```

Network Centralization Index = 42.46%

图6-13 该社会网络的中介中心度分析结果

需要指出的是，成员13、15作为网络中的权威人物，占据了大量的结构洞位置，一旦离开将导致网络不再连通，对整个网络内的隐性知识共享产生极为不利的影响。因此，该社会网络内的其他成员需加强彼此间的有效联系，使网络中存在的结构洞数目有所减少，以适度削弱成员13、15的核心地位。此外，成员2、3、4、5、6、17、18处于网络中的边缘地位，应采取措施提高他们的积极性，使其加强与其他成员的联系和沟通，以充分地进行隐性知识的交流与共享。

利用社会网络分析方法对组织内的社会网络进行结构洞分析，有助于了解组织社会网络内的隐性知识交流与共享情况。通过观察社群图可以从直观上对社会网络的冗余程度做出大致判断；通过计算社会网络的密度能够对网络中存在的结构洞的数量进行粗略估计。进一步利用 Ucinet 软件计算结构洞指数，可以准确地了解各网络成员在隐性知识交流中的受限制程度，以及各成员在其个体网中对其他成员的影响程度。通过计算中介中心度指数可以了解各网络成员在隐性知识交流中对其他成员的控制程度，并能发现在整个网络内隐性知识共享中起关键作用的权威人物以及处于边缘地位的孤立者。综上所述，通过对组织内以隐性知识交流为基础的社会网络进行结构洞分析，可以有效地找到影响整个社会网络内隐性知识共享的障碍和瓶颈，从而能够有针对性地采取改进措施提高社会网络内隐性知识共享的效率。

第七章　核心-边缘结构分析

核心-边缘结构是由若干元素相互联系而构成的中心紧密相连、外围稀疏分散的网络结构。其主要特点是：处于核心区域的节点将不能继续划分为独立的凝聚子群，同时处于边缘区域的节点仅与各自相对的某些核心节点保持紧密联系，而外围节点彼此之间联系稀疏并呈现散射状边缘分布[1]。

第一节　核心-边缘结构的特点

Stephen P. Borgatti 和 Martin G. Everett 从以下 3 个角度具体归纳了核心-边缘结构的特点[2]：

(1) 从子群或分块的角度来看，核心-边缘结构是一种不能划分为互斥的子群或分块的网络结构，尽管其中有些行动者之间的联系比其他行动者紧密得多。换言之，整个网络可视为由一个子群所构成，所有行动者都

---

[1] 张玥，朱庆华. 学术博客交流网络的核心-边缘结构分析实证研究[J]. 图书情报工作，2009，53 (12)：25-29.
[2] Borgatti S P, Everett M G. Models of core/periphery structures [J]. Social Networks, 2000, 21 (4)：375-395.

一定程度上属于这个子群。

（2）从分块的角度来看，核心－边缘结构中的节点可以划分成两类分块（一类分块是核心区域，另一类分块是边缘区域）。用"块模型"（blockmodels）的术语来描述，"核心区域"可视为"1－块"，"边缘区域"可视为"0－块"，而表示核心与边缘区域之间联系的分块既可以是0－块，也可以是1－块。

（3）从可视化的角度来看，点群在欧式空间中呈现出物理上的核心－边缘结构，处于核心区域的节点不仅彼此之间的距离比较接近，而且与网络中所有节点之间的距离都比较接近，而处于边缘区域的节点彼此之间的距离比较疏远，仅与处于核心区域的节点之间的距离相对接近。

第二节 核心－边缘结构的类型

关系数据可以划分成定类数据、定比数据和定序数据，根据关系数据的类型可将核心－边缘结构划分为不同的类型。如果关系数据是"定类数据"，可以构建"离散的核心－边缘模型"（discrete core-periphery model）；如果关系数据是"定比数据"，可以构建"连续的核心－边缘模型"（continuous core-periphery model）。"离散的核心－边缘模型"可以划分为两类："核心－边缘关联模型"和"核心－边缘缺失模型"。"核心－边缘缺失模型"将核心节点与边缘节点之间的关系看成是缺失值。

"核心－边缘关联模型"还可以划分为三类：①核心－边缘全关联模型。如果任何核心节点都与边缘节点之间存在关系，则称这类模型为"核心－边缘全关联模型"。②核心－边缘无关模型。如果所有的关系仅存在于核心节点之间，核心节点以外的其他节点都是孤立节点，核心节点与边缘节点之间不存在任何关系，则称这类模型为"核心－边缘无关模型"。

③核心-边缘局部关联模型。如果核心节点与边缘节点之间存在一定数目的关系，则称这类模型为"核心-边缘局部关联模型"[1]。

在核心-边缘全关联模型中，网络中的节点可以划分为两组，其中一组中的节点之间联系紧密（核心节点），并可看成是一个凝聚子群（核心区域），另外一组中的节点之间没有联系（边缘节点），并且边缘节点与所有的核心节点之间都存在关联。图7-1就是一个核心-边缘关联网络图，图中包含4个"核心节点"：节点1、节点2、节点3和节点4，这四个核心节点构成了一个"派系"，其他六个节点都是"边缘节点"，边缘节点之间不存在任何关系，核心节点与部分边缘节点之间存在关系。

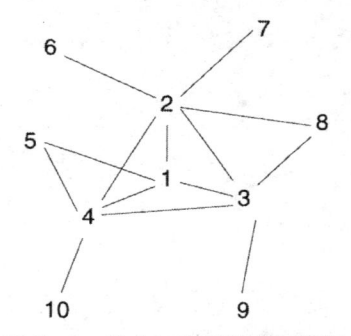

图7-1 核心-边缘关联网络图

图7-2是图7-1的邻接矩阵。为了强调邻接矩阵的构成特点，图7-2已对邻接矩阵进行了分块，可以看出矩阵结构的三个特点：①核心节点之间都是相互邻接的，即核心节点构成了一个"派系"；②核心节点与某些边缘节点邻接；③所有的边缘节点之间都不邻接。用"块模型"的术语来描述，核心-核心区域是1-块，核心-边缘区域也是1-块，而边缘-边缘区域是0-块。

---

[1] 刘军. 社会网络分析导论[M]. 北京：社会科学文献出版社，2004：268-269.

第七章
核心－边缘结构分析

	1	2	3	4	5	6	7	8	9	10
1		1	1	1	1	0	0	0	0	0
2	1		1	1	0	1	1	1	0	0
3	1	1		1	0	0	0	1	1	0
4	1	1	1		1	0	0	0	0	1
5	1	0	0	1		0	0	0	0	0
6	0	1	0	0	0		0	0	0	0
7	0	1	0	0	0	0		0	0	0
8	0	1	1	0	0	0	0		0	0
9	0	0	1	0	0	0	0	0		0
10	0	0	0	1	0	0	0	0	0	

图 7-2　图 7-1 的邻接矩阵

图 7-3 是与图 7-1 对应的"理想化"的邻接矩阵，它对应着理想化的核心－边缘结构模式。理想化的结构模式可以看成是对星形网络的推广（见图 7-4）。在一个星型网络图中，一个中心节点与所有其他节点邻接，而其他节点之间不存在任何关联。将"星型网络图"推广至"核心－边缘关联网络图"，只需将星型网络图中的"中心节点"复制几次，使这些复制的中心节点彼此之间都建立关联，并使复制的中心节点与边缘节点之间都建立关联，就可以得到图 7-5 所示的"核心－边缘全关联网络图"。在一个核心－边缘全关联网络图中，各个核心节点之间都存在关联，各个边缘节点之间都不存在关联，并且每个核心节点与每个边缘节点之间都存在关联，即"核心区域"中的每个节点与"边缘区域"中的每个节点之间都存在关系❶。

	1	2	3	4	5	6	7	8	9	10
1		1	1	1	1	1	1	1	1	1
2	1		1	1	1	1	1	1	1	1
3	1	1		1	1	1	1	1	1	1
4	1	1	1		1	0	1	1	1	1
5	1	1	1	1		0	0	0	0	0
6	1	1	1	1	0		0	0	0	0
7	1	1	1	1	0	0		0	0	0
8	1	1	1	1	0	0	0		0	0
9	1	1	1	1	0	0	0	0		0
10	1	1	1	1	0	0	0	0	0	

图 7-3　与图 7-1 对应的"理想化"的邻接矩阵

---

❶　Borgatti S P, Everett M G. Models of core/periphery structures [J]. Social Networks, 1999, 21 (4): 375-395.

图 7-4　星状网络图　　　　图 7-5　核心－边缘全关联网络图

（推广的星型网络图）

图 7-6 是与图 7-1 对应的另一种"理想化"的邻接矩阵，它对应着一种极端的理想化的核心－边缘结构模式。这一理想化的结构模式对应于"核心－边缘无关网络"。在一个核心－边缘无关网络图中，所有的关系仅存在于核心节点之间，核心节点以外的其他节点都是孤立节点（边缘节点），核心节点与边缘节点之间不存在任何关系，即"边缘区域"中的所有节点都是孤立节点。

	1	2	3	4	5	6	7	8	9	10
1		1	1	1	0	0	0	0	0	0
2	1		1	1	0	0	0	0	0	0
3	1	1		1	0	0	0	0	0	0
4	1	1	1		0	0	0	0	0	0
5	0	0	0	0		0	0	0	0	0
6	0	0	0	0	0		0	0	0	0
7	0	0	0	0	0	0		0	0	0
8	0	0	0	0	0	0	0		0	0
9	0	0	0	0	0	0	0	0		0
10	0	0	0	0	0	0	0	0	0	

图 7-6　与图 7-1 对应的另一种"理想化"的邻接矩阵

实践篇

社会网络分析在图书情报领域的应用

第八章　社会网络分析在知识管理领域的应用

1958 年，英国哲学家、科学家波兰尼（Polanyi）在其代表作《人的研究》中，将人类的知识类型分为隐性知识（Tacit knowledge）和显性知识（Explicit knowledge）两类。显性知识是指能够以书面文字、图表和数学公式表达出来的编码化知识；隐性知识是指人们虽然知道但却难以系统地、完整地表达的知识，是未经编码的知识。在技能方面，隐性知识主要指难以表达的经验、技巧和诀窍；在认知方面，隐性知识包括洞察力、直觉、感悟、价值观、心智模式等。在现代企业的知识管理中，隐性知识被认为是最有价值的战略资源，通过隐性知识管理能够有效地提高组织的管理绩效。由于隐性知识具有不可编码性、非结构性和高度个人化等特征，因此隐性知识交流与共享的难度很大，通常只能在人际沟通和交流实践中实现。

20 世纪 20—30 年代美国管理学家梅奥在芝加哥西部电器公司进行的霍桑实验中首次发现了组织内非正式网络的存在。非正式网络是指企业正式组织结构之外或任务约束之外的由员工自发形成的网络，其特点是没有固定的组织形式，结构松散，形式多样，不易管理。非正式网络与正式网络的区别在于：正式网络的形成是由企业任务约束和驱动的，是组织架构的具体反映，通常是可以被管理的。非正式网络与正式网络之间不是完全孤立的，而是具有一定的联系。Krackhardt 认为组织由正式网络和非正式网络双重结构组成，并将组织比喻为生命体，将正式网络比作组织生命体的骨骼，而将非正式网络比作组织生命体的神经系统❶。许多研究组织理论的学者认为，通过非正式网络可以解释日常工作的规则，辨别出效率低下的个体和群体，提供有效完成任务所需的方法。非正式网络还有助于解释为什么有些富有无形资产的企业（如埃克森美孚和通用电气）在规模和业务范围上得以扩大并拥有卓越的业绩❷。

以下将通过图 8-1 来说明组织内正式网络和非正式网络之间的关系，图中的实线表示组织内成员之间的层级结构，与组织内的正式网络相对应；虚线表示组织内成员之间通过分享知识和交流情感而形成的交往关系，与组织内的非正式网络相对应❸。由图 8-1 可以发现，在正式网络结构之外，还有两个非正式网络，分别以 25 和 234 为核心，作为组织的最高管理者 1 也是以 25 为核心的非正式网络的成员。234 虽然在正式网络中位于相对很低的位置，但他在一个非正式网络中却扮演着核心的角色。可见，非正式网络可以穿越组织结构的厚重壁垒，在其成员间形成无边界无约束的自由交流，从而能完成组织正式网络所不能完成的任务❹。目前，非正式网络中常见的交流方式包括 Newsgroup、MSN、QQ、BBS、Wiki、Twitter、GTalk 等。

---

❶ Krackhardt D, Hanson J R. Information networks: The company behind the chart [J]. Harvard Business Review, 1993, 71 (4): 100-117.

❷ Lowell L Brown, Eric Matson, Leigh M Weiss. 利用非正式员工网络的力量 [EB/OL]. http://china.mckinseyquarterly.com/China/Harnessing_the_power_of_informal_employee_networks_2051 [2010-12-15].

❸ 百度百科. 非正式组织 [EB/OL]. http://baike.baidu.com/view/544619.htm [2010-12-15].

❹ 秦铁辉, 孙琳. 试论非正式网络及其在知识共享活动中的作用 [J]. 情报科学, 2009, 27 (1): 1-5.

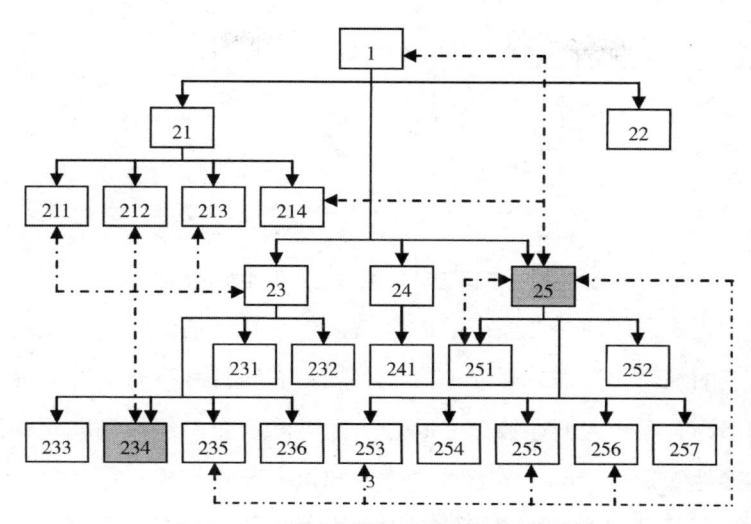

第八章
社会网络分析在知识管理领域的应用

图8-1 组织内非正式网络结构图示[1]

非正式网络是组织内成员因为业务、兴趣和目标相近而形成的团体，其成员在团体内分享知识及交流情感，因此非正式网络实质上是组织内的社会网络的一种形式。由于非正式网络具备跨功能性、背景相似性、良好沟通性等特征，决定了其具有良好的知识传播功能，因此作为正式网络的重要补充，尤其是在个人层面，非正式网络已成为隐性知识交流的重要媒介。可以利用社会网络分析方法对组织非正式网络内的隐性知识共享活动进行理论与实证研究。Allen在分析如何避免组织中的沟通障碍时，根据行动者之间关系的特点，将行动者分为（见图8-2）：

桥（bridge）：连接不同沟通群体之间的人物；

联络人（liaison）：不属于任何沟通群体但起着联络作用的人物；

孤立者（isolate）：很少或不参与任何沟通群体的人物；

明星（star）：网络中有最多关系联结的人物[2]。

---

[1] 百度百科. 非正式组织 [EB/OL]. http://baike.baidu.com/view/544619.htm [2010-12-15].

[2] Allen T Harrell. Communication networks——The hidden organizational chart [J]. The Personal Administrator, 1976, 21 (6): 31-34.

A：孤立者
B：联络人
C：桥
D：明星

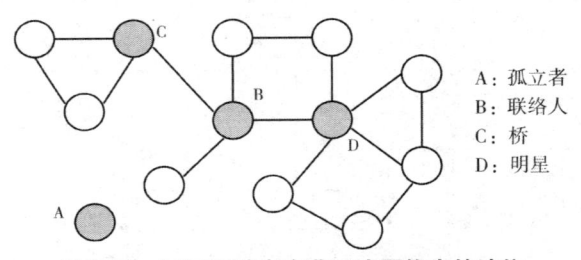

图 8-2 不同行动者在非正式网络中的地位

由于正式网络与企业固有的组织结构相一致，适于传递在组织运行过程中形成的编码化知识，如业务文档、规范和统计数据等。与之相比，非正式网络则有利于人们在彼此之间分享经验和智慧。组织内非正式网络的存在使隐性知识共享不一定通过"隐性知识→显性知识→隐性知识"的传递模式，而可以直接通过"隐性知识→隐性知识"的传递模式。社会网络分析（Social Network Analysis，SNA）提供了对组织内非正式网络进行定量研究的具体工具。利用社会网络分析方法可以进行中心性、凝聚子群和结构洞分析等方面的研究。

第一节 中心性分析在知识管理中的应用

以下从网络中心性的角度分别探讨点度中心度、中介中心度和接近中心度对组织非正式网络内隐性知识共享的影响。

（一）点度中心度

在组织内的非正式网络中，点度中心度越高的成员与其他成员的联系越多，有更多的机会进行隐性知识的交流与共享，并且在获得更多社会支持的同时可能成为整个网络的中心，从而获得更多的知识资本和社会资本❶。正如美国社会学家林南所指出的,社会资本借助于行动者所在网络或所在群体中的联系而起作用❷。非正式网络成员的点度中心度过高或过低都不利于隐性知识的共享和传播。对于过高的点度中心度来说,其成员会因负荷过多(如过多人向他寻求咨询与帮助)而倍感压力。同时,一旦该成员离开组织,则整个网络的连通性将大受影响,甚至出现完全分裂的小团体。另一方面,过低的点度中心度又会导致网络过度分散,缺少权威人物,同样不利于隐性知识传播。通过点度中心度分析还可以找到非正式网络中处于边缘地位的成员。这些成员可能会认为自己在非正式网络中得不到重视,也可能是未被充分利用的知识专家。因此,非正式网络点度中心度分析有利于防止知识流失❸。

(二) 中介中心度

在组织内的非正式网络中,其成员的中介中心度越高,则该成员的地位越重要,因为他具有控制其他成员之间交往的能力。根据 Burt 在 1992 年提出的结构洞理论,如果网络中的一个行动者所联结的另外两个行动者之间没有直接联系时,该行动者所处的位置就是结构洞。处于结构洞位置的行动者拥有两种优势:信息优势和控制优势❹。Freeman 则指出:"处于这种位置的个人可以通过控制或者曲解信息的传递而影响群体"❺。中介中心度高的成员在网络内占据多个成员之间联系的结构洞位置,有更多的机

---

❶ 施杨,李南. 研发团队知识交流网络中心性对知识扩散影响及其实证研究 [J]. 情报理论与实践,2010,33 (4):28 - 31.

❷ Lin Nan. Social capital:A theory of social structure and action [M]. New York:Cambridge University Press,2001:24.

❸ 殷国鹏,莫云生,陈禹. 利用社会网络分析促进隐性知识管理 [J]. 清华大学学报:自然科学版,2006,46 (S1):964 - 969.

❹ Ronald Burt. Structural holes:The social structure of competition [M]. Cambridge,MA:Harvard University Press,1992:221.

❺ Freeman L C. Centrality in social networks:Conceptual clarification [J]. Social Networks,1979,(1):215 - 239.

会从不同渠道获取隐性知识以及增进不同成员之间隐性知识的交流，从而促进整个网络内的隐性知识共享。但过高的中介中心度通常也不利于非正式网络内的隐性知识共享。由于控制不同成员之间的有效联系，中介中心度高的成员有利用结构洞优势的倾向，即由于自身的偏好、利益等因素的影响，不轻易地将有价值的隐性知识传播出去，从而保持非正式网络内结构洞的存在，导致更多机会成本的产生。

（三）接近中心度

在组织内的非正式网络中，其成员的接近中心度越高，访问其他成员的路径越长，获取知识和信息就越困难，人际交易的成本也越高[1]。接近中心度高的成员通常处于非核心地位，必须依赖组织内的特定联系对象才能获取和传递隐性知识，这不利于隐性知识在整个网络内的传播。与此同时，接近中心度越低的成员越容易控制和影响其他成员之间的隐性知识交流，并能促使其他成员之间的沟通距离缩短，减少整个网络内隐性知识传播的时间损耗。非正式网络接近中心度分析有助于发现网络内隐性知识快速传递的有效路径和节点，从而促进隐性知识在整个网络内的有序传播，减少隐性知识交流的成本。此外，还有助于改进正式网络的结构和功能，从而缩短整个网络内的沟通距离，最大限度地实现成员之间的最短联系。

第二节 结构洞分析在知识管理中的应用

由于组织隐性知识共享与其成员在社会网络中所处的位置有关，而标

---

[1] 施杨，李南. 研发团队知识交流网络中心性对知识扩散影响及其实证研究[J]. 情报理论与实践，2010，33（4）：28-31.

第八章
社会网络分析在知识管理领域的应用

志着网络位置利益的结构洞是组织社会网络中普遍存在的现象，因此通过对组织的社会网络进行结构洞位置分析有助于了解组织隐性知识共享的情况。根据 Burt 的观点，结构洞能为其占据者获取"信息优势"和"控制优势"提供机会，从而比网络中其他位置上的成员更具有竞争优势[1]。信息优势（informational benefits）是指占据结构洞的行动者能比别人更早、更多地获取有价值的信息和更及时地把握信息带来的机会；而控制优势（control benefits）是指结构洞能使其占据者居间协调时由于所处位置的特殊性而具有的优势，从而可以采取齐美尔所提出的第三者渔利的策略。在组织内的社会网络中，占据结构洞的成员有机会接触到两类异质的知识来源，跨越结构洞所获取的知识冗余度很低，从而形成信息优势；该成员还可以通过控制有价值知识在网络中的流动而获利，即获得控制优势。结构洞和不同关系网络的耦合也会对组织内隐性知识的共享产生不同的影响。如果结构洞嵌入在一般的咨询网络中，由于这种网络缺乏信任互惠关系，不足以抵消结构洞带来的信息优势，则占据结构洞的成员极易产生机会主义行为，其表现就是"我知道谁能帮助你，但我不告诉你"或"我知道你的知识能帮助谁，但我不会说"，因此这类结构洞就会成为组织隐性知识共享的瓶颈。如果结构洞嵌入在互惠关系网络中，那么占据结构洞的成员就会在没有强关系的其他两方之间传递信息，这样该成员的角色就转变成为"桥"：一个可以刺激知识传递与共享的位置[2]。

通过计算组织内社会网络的结构洞指数和中介中心度指数，可以更深入地了解组织的隐性知识共享情况。在组织内的社会网络中，其成员的有效规模越大，则该成员与其他成员的有效联系越多，有更多的机会进行隐

---

[1] Burt R S. Structural holes: The social structure of competition [M]. Cambridge, MA: Harvard University Press, 1992: 30.

[2] 王嵩，田军，王刊良. 创新团队内的隐性知识共享——社会网络分析视角[J]. 科技管理研究，2010，(1)：208-210.

性知识的交流与共享,并且在获得更多社会支持的同时可能成为整个网络的中心,从而获得更多的知识资本和社会资本。正如美国社会学家林南所指出的,社会资本借助于行动者所在网络或所在群体中的联系而起作用❶。网络成员的效率越高,则该成员对其个体网中其他成员的影响程度越大。网络成员的限制度越高,其等级度也越高,则该成员在网络内的隐性知识交流与共享中就越受控制;网络成员的限制度越低,其等级度也越低,则该成员越能跨越结构洞接触到非冗余的知识来源。跨越较多结构洞的成员能够更多地接触到非冗余知识来源,从而能够积累更多的社会资本。网络成员的中介中心度越高,则该成员在社会网络中的地位越重要,因为他具有控制其他成员之间交往的能力。Freeman指出:"处于这种位置的个人可以通过控制或者曲解信息的传递而影响群体"❷。中介中心度高的成员在网络内占据多个成员之间联系的结构洞位置,有更多的机会从不同渠道获取隐性知识,并能增进不同成员之间隐性知识的交流,从而促进整个网络内的隐性知识共享。但过高的中介中心度通常也不利于网络成员间的隐性知识共享。由于控制不同成员之间的有效联系,中介中心度高的成员有利用结构洞优势的倾向,即由于自身的偏好、利益等因素的影响,不轻易地将有价值的隐性知识传播出去,从而保持社会网络内结构洞的存在,导致更多机会成本的产生。

案例分析8-1分别从网络密度和距离、中心性分析、凝聚子群分析和结构洞分析等几个角度探讨了组织非正式网络内隐性知识共享活动的影响因素,并以一家高新技术企业研发部门内的非正式网络为例,利用社会网络分析方法对这一非正式网络内隐性知识交流与共享的情况进行了实证研究。

---

❶ Lin Nan. Social capital:A theory of social structure and action [M]. New York:Cambridge University Press,2001:24.
❷ Freeman L C. Centrality in social networks:Conceptual clarification [J]. Social Networks,1979,(1):215-239.

※案例分析 8-1：基于社会网络分析的组织非正式网络内隐性知识共享研究[1]

非正式网络是组织内成员因为业务、兴趣和目标相近而形成的团体，其成员在团体内分享知识及交流情感，因此非正式网络实质上是组织内的社会网络的一种形式。组织内正式网络与企业固有的组织结构相一致，适于传递在组织运行过程中形成的编码化知识，如业务文档、规范和统计数据等。与之相比，非正式网络则有利于人们在彼此之间分享经验和智慧[2]。组织内非正式网络的存在使隐性知识共享不一定通过"隐性知识→显性知识→隐性知识"的传递模式，而可以直接通过"隐性知识→隐性知识"的传递模式[3]。利用社会网络分析方法可以对组织非正式网络内隐性知识交流与共享的情况进行定量研究。

下面以一家高新技术企业研发部门的成员之间以隐性知识交流为基础的非正式网络为例。本次调研主要采用问卷调查法。首先将该研发部门的成员进行编号，根据问卷调查结果以成员之间是否发生隐性知识交流与共享为条件建立一个 18×18 的邻接矩阵 Z_{ij}，其中 Z_{ij} 表示成员 i 与成员 j 之间是否存在隐性知识的交流与共享关系。如果成员 i 与成员 j 之间进行隐性知识的交流与共享，那么 $Z_{ij}=1$，否则 $Z_{ij}=0$。根据本研究记录关系数据的特点，采用"文本编辑器"输入邻接矩阵。由于邻接矩阵是一个 1-模矩阵，故采用点列表形式-1，并在文本编辑器中输入相应语句（见图 8-3）。

---

[1] 姜鑫. 基于社会网络分析的组织非正式网络内隐性知识共享及其实证研究 [J]. 情报理论与实践，2012，35（2）：68-71.
[2] 秦铁辉，孙琳. 试论非正式网络及其在知识共享活动中的作用 [J]. 情报科学，2009，27（1）：1-5.
[3] 周晓宏，郭文静. 基于社会网络的隐性知识转移研究 [J]. 中国科技论坛，2008，(12)：88-90.

```
非正式网络 - 记事本
文件(F) 编辑(E) 格式(O) 查看(V) 帮助(H)
DL n=18
format=nodelist1
data:
1 4 6 7 13
2 3 15 17
3 2 15 17
4 1 7 10
5 9 11 15
6 1 7 10
7 1 4 6 10 18
8 9 11 13 15 16
9 5 8 11 12 14 15 16
10 4 6 7 18
11 5 8 9 13 14 15 16
12 9 13 14 15 16
13 1 8 11 12 14 15 16
14 9 11 12 13 15 16
15 2 3 5 8 9 11 12 13 14 16 17
16 8 9 11 12 13 14 15
17 2 3 15
18 7 10
```

图 8-3 用"文本编辑器"输入邻接矩阵

在指定文件夹中保存该文件成为纯文本文件，并且给该文件命名为"非正式网络.txt"。在 Ucinet 软件中单击"Data→Import text files→DL"，然后选择保存的文本文件"非正式网络.txt"，即可将该文件打开成为 Ucinet 形式的数据文件，Ucinet 软件将会自动生成两个文件："非正式网络.##d"和"非正式网络.##h"（见图 8-4）。

```
              1 1 1 1 1 1 1 1
  1 2 3 4 5 6 7 8 9 0 1 2 3 4 5 6 7 8
  ------------------------
 1 0 0 0 1 0 1 1 0 0 0 0 0 1 0 0 0 0 0
 2 0 0 1 0 0 0 0 0 0 0 0 0 0 0 1 0 1 0
 3 0 1 0 0 0 0 0 0 0 0 0 0 0 0 1 0 1 0
 4 1 0 0 0 0 0 1 0 0 1 0 0 0 0 0 0 0 0
 5 0 0 0 0 0 0 0 0 1 0 1 0 0 0 1 0 0 0
 6 1 0 0 0 0 0 1 0 0 1 0 0 0 0 0 0 0 0
 7 1 0 0 1 0 1 0 0 0 1 0 0 0 0 0 0 0 1
 8 0 0 0 0 0 0 0 0 1 0 1 0 1 0 1 1 0 0
 9 0 0 0 0 1 0 0 1 0 0 1 1 0 1 1 1 0 0
10 0 0 0 1 0 1 1 0 0 0 0 0 0 0 0 0 0 1
11 0 0 0 0 1 0 0 1 1 0 0 0 1 1 1 1 0 0
12 0 0 0 0 0 0 0 0 1 0 0 0 1 1 1 1 0 0
13 1 0 0 0 0 0 0 1 0 0 1 1 0 1 1 1 0 0
14 0 0 0 0 0 0 0 0 1 0 1 1 1 0 1 1 0 0
15 0 1 1 0 1 0 0 1 1 0 1 1 1 1 0 1 1 0
16 0 0 0 0 0 0 0 1 1 0 1 1 1 1 1 0 0 0
17 0 1 1 0 0 0 0 0 0 0 0 0 0 0 1 0 0 0
18 0 0 0 0 0 0 1 0 0 1 0 0 0 0 0 0 0 0
```

图 8-4 某研发部门非正式网络的邻接矩阵

将邻接矩阵 Z_{ij} 导入社会网络分析软件 Ucinet 6.2，然后运用 Ucinet 的绘图软件工具 NetDraw 绘制出该研发部门的非正式网络社群图（见图 8-5）。

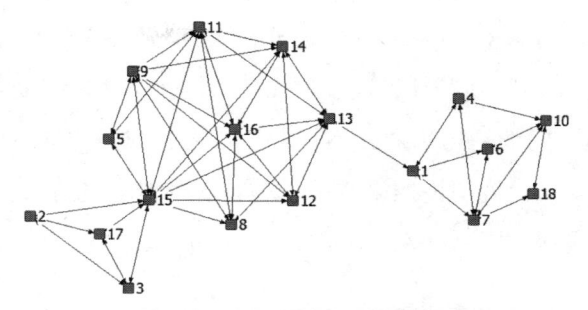

第八章
社会网络分析在知识管理领域的应用

图 8-5　某研发部门的非正式网络社群图

以下将从非正式网络的密度和距离、中心性分析、凝聚子群分析、结构洞分析等几个方面探讨组织非正式网络中的隐性知识共享活动的影响因素。

1. 网络密度和距离

网络密度（density）是非正式网络中实际拥有的连线数与最多可能存在的连线数之比，其计算公式为 $2L/[N(N-1)]$，其中 L 为网络中实际存在的连线数，N 为网络规模。网络密度可以用来度量网络成员之间联系的紧密程度。网络密度过低或过高均不利于隐性知识的共享与传播。网络密度过低，表明网络成员之间的交流比较少，不利于隐性知识的共享与传播。但过高的网络密度也会对隐性知识共享的效果产生负面影响，这是因为人的精力是有限的，花费过多的时间和精力用于隐性知识的交流，将会付出超额的机会成本，得不偿失❶。在 Ucinet 6.2 软件中沿着"Network→Cohesion→Density→(new) Density Overall"路径计算该非正式网络的密度为 0.2876，说明该非正式网络成员之间的隐性知识交流不太频繁，不利于隐性知识的共享和传播。网络距离（distance）是指网络中两点之间的测地线的长度。它可以用来度量网络中任意两位成员之间实现隐性知识交流与共享所需经过的最少中间人数。网络成员之间距离越短，隐性知识的交流与共享活

---

❶ 周晓宏，郭文静．基于社会网络的隐性知识转移研究［J］．中国科技论坛，2008，(12)：88-90．

动越是便捷，越有利于网络整体隐性知识的共享与传播[1]。沿着"Network→Cohesion→Distance"路径计算该非正式网络的距离矩阵（见图 8-6）。该网络所有成员之间都是可达的，不存在孤立者，成员之间的距离为 1~5，平均距离为 2.453，说明该网络内每一位成员平均经过不到两个人就可以与另一位成员取得联系，网络内成员之间可以比较方便地实现隐性知识的交流与共享。

```
Geodesic Distances
                     1 1 1 1 1 1 1 1
   1 2 3 4 5 6 7 8 9 0 1 2 3 4 5 6 7 8
   ---------------------------------------
 1  0 3 3 1 3 1 1 2 3 2 2 2 1 2 2 2 3 2
 2  3 0 1 4 2 4 4 2 2 5 2 2 2 2 1 2 1 5
 3  3 1 0 4 2 4 4 2 2 5 2 2 2 2 1 2 1 5
 4  1 4 4 0 4 2 1 3 4 1 3 3 2 3 3 3 4 2
 5  3 2 2 4 0 4 4 2 1 5 1 2 2 2 1 2 2 5
 6  1 4 4 2 4 0 1 3 4 1 3 3 2 3 3 3 4 2
 7  1 4 4 1 4 1 0 3 4 1 3 3 2 3 3 3 4 1
 8  2 2 2 3 2 3 3 0 1 4 1 2 1 2 1 1 2 4
 9  3 2 2 4 1 4 4 1 0 5 1 1 2 1 1 1 2 5
10  2 5 5 1 5 1 1 4 5 0 4 4 3 4 4 4 5 1
11  2 2 2 3 1 3 3 1 1 4 0 2 1 1 1 1 2 4
12  2 2 2 3 2 3 3 2 1 4 2 0 1 1 1 1 2 3
13  1 2 2 2 2 2 2 1 2 3 1 1 0 1 1 1 2 3
14  2 2 2 3 2 3 3 2 1 4 1 1 1 0 1 1 2 4
15  2 1 1 3 1 3 3 1 1 4 1 1 1 1 0 1 1 4
16  2 2 2 3 2 3 3 1 1 4 1 1 1 1 1 0 2 4
17  3 1 1 4 2 4 4 2 2 5 2 2 2 2 1 2 0 5
18  2 5 5 2 5 2 1 4 5 1 4 4 3 4 4 4 5 0
```

图 8-6 某研发部门非正式网络的距离矩阵

2. 中心性分析

非正式网络成员的中心度过高或过低都不利于隐性知识的共享和传播。对于过高的中心度来说，其成员会因负荷过多（如过多人向他寻求咨询与帮助）而倍感压力。同时，一旦该成员离开组织，则整个网络的连通性将大受影响，甚至出现完全分裂的小团体。另一方面，过低的中心度又会导致网络过度分散，缺少权威人物，同样不利于隐性知识传播。通过中心性分析还可以找到非正式网络中处于边缘地位的成员。这些成员可能会认为自己在非正式网络中得不到重视，也可能是未被充分利用的知识专

---

[1] 张卫国，邢青霞，罗军. 社会网络视角下组织内部隐性知识共享研究[J]. 科技管理研究，2009，(12)：290-292.

家。因此，非正式网络点度中心度分析有利于防止知识流失[1]。

在 Ucinet 6.2 软件中沿着"Network→Centrality→Degree"路径计算各成员的点度中心度，沿着"Network→Centrality→Freeman Betweenness→Node Betweenness"路径计算各成员的中介中心度，沿着"Network→Centrality→Closeness"路径计算各成员的接近中心度，计算结果见表 8-1。

表 8-1 网络内各成员的中心性指标

节点	点度中心度	标准化点度中心度	中介中心度	标准化中介中心度	接近中心度	标准化接近中心度
1	4.000	23.529	60.333	44.363	35.000	48.571
2	3.000	17.647	0.000	0.000	44.000	38.636
3	3.000	17.647	0.000	0.000	44.000	38.636
4	3.000	17.647	4.333	3.186	47.000	36.170
5	3.000	17.647	0.000	0.000	44.000	38.636
6	3.000	17.647	4.333	3.186	47.000	36.170
7	5.000	29.412	18.667	13.725	45.000	37.778
8	5.000	29.412	1.167	0.858	36.000	47.222
9	7.000	41.176	2.150	1.581	40.000	42.500
10	4.000	23.529	1.333	0.980	58.000	29.310
11	7.000	41.176	5.867	4.314	34.000	50.000
12	5.000	29.412	1.167	0.858	36.000	47.222
13	7.000	41.176	66.650	49.007	29.000	58.621
14	6.000	35.294	1.367	1.005	35.000	48.571
15	11.000	64.706	48.817	35.895	30.000	56.667
16	7.000	41.176	1.817	1.336	34.000	50.000
17	3.000	17.647	0.000	0.000	44.000	38.636
18	2.000	11.765	0.000	0.000	60.000	28.333

---

[1] 殷国鹏，莫云生，陈禹. 利用社会网络分析促进隐性知识管理[J]. 清华大学学报：自然科学版，2006，46（S1）：964-969.

由表 8-1 可见，成员 15 的点度中心度最大，其次为成员 9、11、13、16，表明这些成员与网络内其他成员的隐性知识交流更加频繁，充当非正式网络中知识专家的角色。成员 18 的点度中心度最低，其次为成员 2、3、4、5、6、17，表明这些成员与其他成员的隐性知识交流较少，处于非正式网络中的边缘地位。整个网络的点度中心势为 40.44%，这说明整个网络内成员间的联系不够紧密，隐性知识交流不太频繁，彼此间需要加强沟通。

成员 1、13 的中介中心度最大，成员 15 次之，表明这些成员在非正式网络内的隐性知识交流与共享中占据结构洞位置，最能控制其他成员之间的隐性知识交流。成员 2、3、5、17、18 的中介中心度为 0，表明这些成员参与网络内的隐性知识交流的意愿和能力不足，无法将其他成员有效地联系起来，完全不能控制其他成员之间的隐性知识交流。整个网络的中介中心势为 42.46%，表明成员 13 能在很大程度上控制其他成员之间的知识交流与共享。

成员 10、18 的接近中心度最高，成员 13、15 的接近中心度最低，表明成员 10、18 在非正式网络内的隐性知识交流与共享中最受控制，而成员 13、15 最不受控制。例如，成员 10、18 如果想和网络内除成员 4、6、7 以外的其他成员进行隐性知识交流就必须依赖成员 1、13。整个网络的接近中心势为 34.39%，表明整个网络的接近集中趋势并不是很高，没有出现能够控制整个网络隐性知识交流的绝对权威人物。

在 Ucinet 6.2 软件中，沿着 "Network → Centrality → Freeman Betweenness → Edge（line）Betweennes" 路径计算任意两个成员之间关系的中介中心度（即"连线的中介中心度"，区别于上文中出现的"点的中介中心度"），计算结果如图 8-7 所示。成员 1 和 13 之间关系的中介中心度高达 72.000，远高于其他成员之间关系的中介中心度，说明成员 1 和 13 之间的联系对于整个网络内的隐性知识交流与共享具有重要作用。此外，成员 1 和 7 之间的联系也很重要。

	1	2	3	4	5	6	7	8	9
1	0.000	0.000	0.000	17.667	0.000	17.667	30.333	0.000	0.000
2	0.000	0.000	1.000	0.000	0.000	0.000	0.000	0.000	0.000
3	0.000	1.000	0.000	0.000	0.000	0.000	0.000	0.000	0.000
4	17.667	0.000	0.000	0.000	0.000	0.000	1.833	0.000	0.000
5	0.000	0.000	0.000	0.000	0.000	0.000	0.000	0.000	2.500
6	17.667	0.000	0.000	0.000	0.000	0.000	1.833	0.000	0.000
7	30.333	0.000	0.000	1.833	0.000	1.833	0.000	0.000	0.000
8	0.000	0.000	0.000	0.000	0.000	0.000	0.000	0.000	2.950
9	0.000	0.000	0.000	0.000	2.500	0.000	0.000	2.950	0.000
10	0.000	0.000	0.000	6.167	0.000	6.167	5.333	0.000	0.000
11	0.000	0.000	0.000	0.000	5.500	0.000	0.000	1.533	2.367
12	0.000	0.000	0.000	0.000	0.000	0.000	0.000	0.000	3.117
13	72.000	0.000	0.000	0.000	0.000	0.000	0.000	8.617	0.000
14	0.000	0.000	0.000	0.000	0.000	0.000	0.000	0.000	2.700
15	0.000	15.000	15.000	0.000	9.000	0.000	0.000	4.783	5.167
16	0.000	0.000	0.000	0.000	0.000	0.000	0.000	1.450	2.500
17	0.000	1.000	1.000	0.000	0.000	0.000	0.000	0.000	0.000
18	0.000	0.000	0.000	0.000	0.000	0.000	15.000	0.000	0.000

	10	11	12	13	14	15	16	17	18
1	0.000	0.000	0.000	72.000	0.000	0.000	0.000	0.000	0.000
2	0.000	0.000	0.000	0.000	0.000	15.000	0.000	1.000	0.000
3	0.000	0.000	0.000	0.000	0.000	15.000	0.000	1.000	0.000
4	6.167	0.000	0.000	0.000	0.000	0.000	0.000	0.000	0.000
5	0.000	5.500	0.000	0.000	0.000	9.000	0.000	0.000	0.000
6	6.167	0.000	0.000	0.000	0.000	0.000	0.000	0.000	0.000
7	5.333	0.000	0.000	0.000	0.000	0.000	0.000	0.000	15.000
8	0.000	1.533	0.000	8.617	0.000	4.783	1.450	0.000	0.000
9	0.000	2.367	3.117	0.000	2.700	5.167	2.500	0.000	2.000
10	0.000	0.000	0.000	0.000	0.000	0.000	0.000	0.000	0.000
11	0.000	0.000	0.000	11.867	1.733	4.200	1.533	0.000	0.000
12	0.000	0.000	0.000	8.617	1.200	4.950	1.450	0.000	0.000
13	0.000	11.867	8.617	0.000	8.367	32.667	8.167	0.000	0.000
14	0.000	1.733	1.200	8.367	0.000	4.533	1.200	0.000	0.000
15	0.000	4.200	4.950	32.667	4.533	0.000	4.333	15.000	0.000
16	0.000	1.533	1.450	8.167	1.200	4.333	0.000	0.000	0.000
17	0.000	0.000	0.000	0.000	0.000	15.000	0.000	0.000	0.000
18	2.000	0.000	0.000	0.000	0.000	0.000	0.000	0.000	0.000

图 8-7 各成员之间关系的中介中心性

3. 凝聚子群分析

组织内非正式网络中通常存在一些由网络中彼此之间经常进行隐性知识交流与共享的成员所组成的小团体,对这些小团体的结构和特征进行分析可借助于社会网络分析中的凝聚子群分析方法。大体上说,凝聚子群是指满足如下条件的一个行动者子集合,即在此集合中行动者之间具有相对较强、直接、紧密、经常的或者积极的关系❶。非正式网络内小团体的存在使得隐性知识共享存在两面性:一方面小团体成员之间可以保持强关系

---

❶ 刘军. 整体网分析讲义——UCINET 软件实用指南 [M]. 上海:上海人民出版社, 2009:110.

从而强化隐性知识共享，促进小团体内的知识创新；另一方面，如果小团体过于自闭，则隐性知识在整个组织内的知识螺旋就无法完成，这对组织的长期发展是不利的❶。较为理想的网络结构是组织中存在一些内部密度较高的小团体，而各小团体之间又有一定的联系，这有利于提高组织的知识管理绩效❷。

沿着"Network → Subgroups → Cliques"路径进行派系分析，其中"Minimum size"选择默认值3，分析结果如图8-8所示。

```
13 cliques found.
 1: 9 11 14 15 16
 2: 8 9 11 15 16
 3: 5 9 11 15
 4: 9 12 14 15 16
 5: 2 3 15 17
 6: 12 13 14 15 16
 7: 11 13 14 15 16
 8: 8 11 13 15 16
 9: 4 7 10
10: 1 4 7
11: 6 7 10
12: 1 6 7
13: 7 10 18
```

图 8-8 该非正式网络的派系分析结果

对上述分析结果进行整理，可以发现该非正式网络中存在3个小团体（见图8-9）。由前文的社群图8-3可见，在每个小团体内成员之间的隐性知识交流比较频繁，而隶属于不同小团体的成员之间的隐性知识交流则比较少。成员15同时隶属于小团体1、2，这两个小团体之间的隐形知识交流必须通过成员15才能完成，因此成员15在这两个小团体中具备很强的影响力。小团体3相对比较封闭，其成员与网络中其他成员的联系都要通过成员1、13来进行，成员1、13在非正式网络中充当"桥"的角色，对于整个网络内的隐性知识交流与共享具有重要作用。

---

❶ 王嵩，王刊良，田军. 科研团队隐性知识共享的结构性要素——一个社会网络分析案例[J]. 科学学与科学技术管理，2009，(12)：116-121.

❷ Cross R, Prusak L. The people who make organizations go or stop [J]. Harvard Business Review, 2002, (6): 5-12.

1：5、8、9、11、12、13、14、15、16
2：2、3、15、17
3：1、4、6、7、10、18

图 8-9　该非正式网络中的 3 个小团体

4. 结构洞分析

根据 Burt 在 1992 年提出的结构洞理论，如果网络中的一个行动者所联结的另外两个行动者之间没有直接联系时，该行动者所处的位置就是结构洞（structural holes）。处于结构洞位置的行动者拥有两种优势：信息优势和控制优势[1]。Freeman 则指出："处于这种位置的个人可以通过控制或者曲解信息的传递而影响群体"[2]。占据结构洞位置的网络成员有更多的机会从不同渠道获取隐性知识，并能增进不同成员之间隐性知识交流，从而促进整个网络内的隐性知识共享。但非正式网络内存在过多的结构洞通常也不利于网络成员间的隐性知识共享。由于控制不同成员之间的有效联系，占据结构洞位置的成员有利用结构洞优势的倾向，即由于自身的偏好、利益等因素的影响，不轻易地将有价值的隐性知识传播出去，从而保持非正式网络内结构洞的存在，导致更多机会成本的产生。

沿着"Network → Ego-networks → Structural Holes"路径进行结构洞分析，其中"Method"一项选择"whole network method"，分析结果如图 8-10 所示。成员 15 的有效规模（Effective Size）最大，其次是成员 13，这也印证了社群图中所表现出来的两位成员在网络中居于核心地位的现象。与此相对应的是，成员 15 的限制度（Constraint）最小，其次是成员 13。成员 10 的等级度（Hierarchy）最高，其次是成员 1、7、9、13，这些等级度较高的成员处于网络中的边缘地位，这一结果与前述分析有所不同。

---

[1] Ronald Burt. Structural holes: The social structure of competition [M]. Cambridge, MA: Harvard University Press, 1992: 221.

[2] Freeman L C. Centrality in social networks: Conceptual clarification [J]. Social Networks, 1979, (1): 215-239.

```
Structural Hole Measures
    EffSize  Efficie  Constra  Hierarc  Indirec
 1   3.000   0.750    0.416    0.054    0.267
 2   1.000   0.333    0.759    0.011    0.505
 3   1.000   0.333    0.759    0.011    0.505
 4   1.667   0.556    0.570    0.022    0.300
 5   1.000   0.333    0.522    0.001    0.251
 6   1.667   0.556    0.570    0.022    0.300
 7   3.000   0.600    0.541    0.044    0.617
 8   1.400   0.280    0.435    0.004    0.473
 9   3.000   0.429    0.400    0.037    0.644
10   2.500   0.625    0.563    0.121    0.442
11   2.714   0.388    0.408    0.027    0.668
12   1.400   0.280    0.446    0.003    0.492
13   3.571   0.510    0.338    0.030    0.515
14   1.667   0.278    0.436    0.004    0.614
15   7.000   0.636    0.288    0.017    0.762
16   2.143   0.306    0.432    0.008    0.732
17   1.000   0.333    0.759    0.011    0.505
18   1.000   0.500    0.751    0.001    0.225
```

图 8-10 该非正式网络的结构洞分析结果（部分）

值得一提的是，成员 1、13、15 作为非正式网络中的"桥点"，一旦离开将导致网络不再连通，对整个网络内的隐性知识共享产生极为不利的影响。成员 13、15 在整个网络内的隐性知识交流中充当"明星"的角色，因此该非正式网络的其他成员需加强彼此间的联系，以适度削弱成员 13、15 的核心地位。小团体 3 中的成员在与小团体外其他成员进行隐性知识交流时过于依赖成员 1，因此需加强与网络中小团体外其他成员的联系。此外，成员 2、3、4、5、6、17、18 处于网络中的边缘地位，应采取措施提高他们的积极性，使其加强与其他成员的联系和沟通，以充分地进行隐性知识的交流与共享。

利用社会网络分析方法对组织内的非正式网络进行分析，可以充分了解组织非正式网络内的隐性知识交流与共享情况。通过计算非正式网络的密度和距离可以了解网络成员之间隐性知识交流的便捷程度，并能发现网络中的权威人物以及孤立者。通过中心性分析可以了解网络成员之间隐性知识交流的频繁程度，并能对各成员及其关系对整个网络中隐性知识共享的重要程度做出估计。通过凝聚子群分析可以发现网络中的小团体，并能了解每个小团体内以及小团体之间的隐性知识共享情况，从而获悉网络内小团体的存在对整个网络的隐性知识交流的影响。通过结构洞分析可以测算各网络成员在隐性知识交流中的受限制程度，并且能够发现在整个网络内隐性知识共享中起关键作用的"桥点"和"桥"。综上所述，通过对组织内以隐性知识交流为基础的非正式网络进行定量分析，可以有效地找到影响整个非正式网络内隐性知识共享的障碍和瓶颈，从而能够有针对性地采取改进措施提高非正式网络内隐性知识共享的效率。

第九章　社会网络分析在文献计量学中的应用

本章主要介绍社会网络分析（SNA）方法在共现分析（如共词分析、共被引分析）中的具体应用。中心性分析、凝聚子群分析、核心－边缘结构分析等社会网络分析方法经常应用于共现分析中，并可借助于社会网络分析软件 Ucinet 的绘图软件工具 NetDraw 对共现网络进行可视化展示。

第一节　社会网络分析在共词分析中的应用

共词分析（Co-word Analysis）的思想来源于文献计量学的引文耦合与共被引概念，当两个关键词同时出现在一篇文献中时，则称这两个关键词存在共现关系（co-occurrence）。共词分析的主要前提假设是：文献的关键词能够代表文献研究内容的主题，如果两个关键词共同出现在许多文献中，不仅表明这些文献的内容是关联的，而且表明这类关键词之间的"距离"也是接近的。利用因子分析、聚类分析和多维尺度分析等多元统计分析技术，可以进一步按照这种"距离"将一个学科领域内的核心关键词加以分类，从而归纳出该学科领域的研究热点与知识结构[1]。利用近年来兴

---

[1] 张勤，马费成. 国内知识管理研究结构探讨——以共词分析为方法［J］. 情报学报，2008，27（1）：93－107.

起的社会网络分析方法,可以将关键词共现网络直接展现出来,通过对关键词二值网络进行 k – 核分析,也可以确定该学科领域内的核心关键词。通过在聚类分析基础上绘制战略坐标图,可以描述某一研究主题的内部联系情况,以及与其他研究主题之间的相互影响情况,从而获悉各研究主题的发展状况及其演变趋势。

通常采用聚类分析中最常用的系统聚类法对高频关键词相关矩阵进行聚类分析。系统聚类(Hierarchical Cluster)的主要思想是:首先将每一个关键词都看作一类,然后将相近程度最高的两类进行合并,使其组成一个新的大类,再将该新类与相似程度最高的类进行合并。如此不断重复合并,直到将所有的关键词都归为一类。最后将整个分类系统形成一张树状图(Dendrogram),把各个高频关键词的亲疏关系展示出来❶。通常采用 Salton 指数法将原始共词矩阵转换为相关矩阵(correlation matrix)。Salton 指数法的计算公式是:$S = C_{ij}/(C_i \times C_j)^{1/2}$,其中 C_i、C_j 分别表示关键词 i 和关键词 j 的词频,C_{ij} 表示关键词 i 与关键词 j 的共现频次。

战略坐标图是基于研究主题或聚类基础上的一种研究方法,可以用来描述各研究主题的发展状况和演变趋势。战略坐标图以向心度为横坐标,以密度为纵坐标,以两者的中位数或均值为坐标原点,将研究主题簇表示在平面直角坐标系中(见图 9 – 1)。密度指标反映了一个研究主题簇的内部聚合能力,向心度指标反映了一个主题簇与其他主题簇的连接能力。一个研究主题簇的密度指标越大,说明该研究主题簇的内部结构稳定性越高,其所代表的研究领域发展越成熟;一个研究主题簇的向心度越大,说明它与其他研究主题簇的连接能力越强,在整个研究领域中越处于中心地位❷。

---

❶ 陈胜可. SPSS 统计分析——从入门到精通 [M]. 北京:清华大学出版社,2010:317.

❷ 韩红旗,安小米. 科技论文关键词的战略图分析 [J]. 情报理论与实践,2012,35(9):86 – 90.

研究主题簇在战略坐标图中分布在4个象限❶，第Ⅰ象限的主题簇为"核心，成熟类"（Central and Developed），是学科领域研究的热点和重点，受到广泛关注，内部结构稳定；第Ⅱ象限的主题簇为"边缘，成熟类"（Peripheral and Developed），内部结构稳定，但与其他主题联系松散，可能被边缘化；第Ⅲ象限的主题簇为"边缘，不成熟类"（Peripheral and Undeveloped），内部结构松散，研究不成熟；第Ⅳ象限的主题簇为"核心，不成熟类"（Central and Undeveloped），也是学科领域研究和关注的活跃领域，但内部结构不稳定❷。

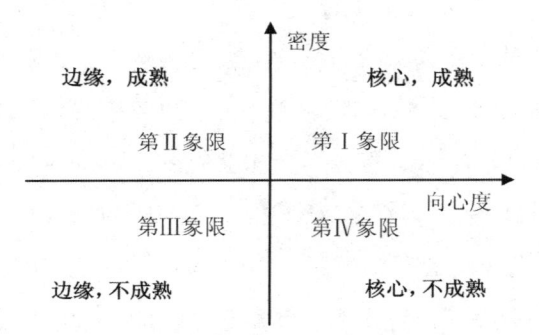

```
              密度
边缘，成熟    │    核心，成熟
              │
   第Ⅱ象限   │    第Ⅰ象限
              │
──────────────┼──────────────→ 向心度
              │
   第Ⅲ象限   │    第Ⅳ象限
              │
边缘，不成熟  │    核心，不成熟
```

图9-1 战略坐标图的四个象限❶

案例分析9-1 以CSSCI收录的两种档案学期刊《档案学研究》和《档案学通讯》发表于2002—2012年的2704篇文献为研究对象，采用共词分析、社会网络分析、多元统计分析和战略坐标分析等研究方法，绘制了2002—2012年我国档案学研究主题的知识图谱，确定了我国档案学研究的16个重要研究主题及其演变趋势。

---

❶ Callon M, Courtial J P, Laville F. Co-word analysis as a tool for describing the network of interactions between basic and technological research: The case of polymer chemistry [J]. Scientometrics, 1991, 22 (1): 155-205.

❷ 钟伟金，李佳. 共词分析法研究（二）——类团分析 [J]. 情报杂志，2008，(6): 141-143.

※案例分析9-1：我国档案学研究主题的知识图谱绘制
——以共词分析可视化为视角[1]

通过绘制科学知识图谱能够将某一学科领域的研究主题及其演变趋势形象化地展现出来。贺颖等[2]以CNKI数据库中1998—2008年档案学基础理论研究论文为研究对象，利用科学知识图谱方法探讨了我国档案学基础理论研究的热点问题，梳理了档案学基础理论研究的发展脉络。林强[3]以CSSCI数据库中1998—2010年档案学CSSCI来源期刊文献为研究对象，利用CiteSpaceⅡ软件工具绘制了1998—2010年我国档案学研究知识图谱，分析了1998—2010年我国档案学研究的热点领域和前沿主题。本研究以2002—2012年《档案学研究》和《档案学通讯》发表的全部文献为研究对象，通过共词分析、社会网络分析、多元统计分析和战略坐标分析等研究方法，从绘制科学知识图谱的角度探讨我国档案学学科的研究主题及其演变趋势，以期从系统和科学的视角展示并分析我国档案学学科的研究现状和发展趋势。

1. 数据获取与处理

本研究使用的数据为CSSCI收录的具有学科代表性的两种档案学期刊《档案学研究》和《档案学通讯》发表于2002—2012年的全部文献，其中：《档案学研究》共计发表了1340篇文献，《档案学通讯》共计发表了1879篇文献，两种期刊合计发表了3219篇文献；检索数据库为：《中国期刊全文数据库（CNKI）》；检索时间为：2013年3月30日。删除通知、简

---

[1] 马海群，姜鑫. 我国档案学研究的知识图谱绘制——以共词分析可视化为视角 [J]. 档案学研究，2014，(5)：7-11.
[2] 贺颖，祝庆轩. 基于科学知识图谱的档案学基础理论进展研究（1999—2008年）[J]. 图书情报工作，2010，(1)：144-148.
[3] 林强. 我国档案学研究现状的可视化分析 [J]. 档案学通讯，2012，(2)：17-20.

讯、评论等不相关的非学术文献，同时删除不包括作者关键词的学术文献、以及只包括一个作者关键词的学术文献，共计得到了2704篇我国档案学领域研究文献。

在上述2704篇文献中共计出现了4388个关键词，从中选取词频≥9的高频关键词81个（见表9-1）。

表9-1 我国档案学研究论文的高频关键词表

高频词	词频	高频词	词频	高频词	词频	高频词	词频
电子文件	163	档案事业	28	政务信息	15	文件运动	10
档案学	129	知识管理	26	信息安全	15	统计分析	10
档案信息资源	115	电子档案	26	数字档案	15	清代	10
档案馆	93	档案学教育	26	归档	15	美国	10
档案管理	79	比较研究	25	开放利用	15	理论研究	10
数字档案馆	75	档案网站	24	科技档案	14	教学改革	10
档案信息化	64	历史档案	22	开发利用	13	管理模式	10
档案保护	56	档案立法	22	档案学研究	13	档案学专业	10
档案工作	54	档案鉴定	20	档案服务	13	知情权	9
信息公开	51	整合	20	信用档案	12	真实性	9
档案利用	46	公文	19	电子公文	12	信息技术	9
档案数字化	44	档案资源	19	OAIS	12	文件连续体	9
电子政务	40	档案价值	19	知识产权	11	数据库	9
公共档案馆	34	高校	19	文档一体化	11	社会记忆	9
企业档案	30	元数据	18	企业	11	民生档案	9
文件生命周期	30	耐久性	18	来源原则	11	国家档案馆	9
档案开放	30	档案文献	18	档案职业	11	电子文件中心	9
信息服务	30	人事档案	17	标准	11	标准化	9
档案法规	30	档案文化	16	文件中心	11		
档案高等教育	30	档案编研	16	中国档案学	10		
现行文件	28	共享	16	政府信息资源	10		

分别统计这 81 个高频关键词在 2,704 篇文献中共同出现的次数,得到一个 81×81 的高频关键词共词矩阵 Z_{ij}（co-word matrix）,并将其导入社会网络分析软件 Ucinet 6.2,然后通过 Ucinet 的绘图软件工具 NetDraw 直接展现其关键词之间的共现关系（见图9-2）。图中的节点大小与该节点的度数成比例,连线的粗细与节点之间的关联强度（即关键词之间的共现频次）成比例。

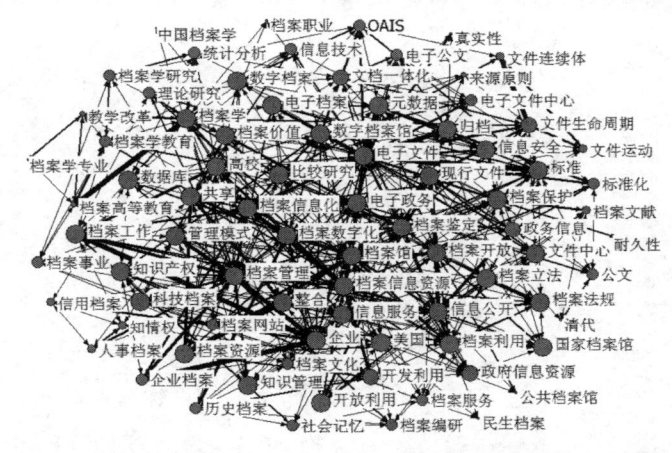

图9-2 我国"档案学"研究论文的高频关键词共现网络图谱

2. 数据分析

1) k-核分析

通过对高频关键词二值矩阵进行 k-核分析有助于确定该研究领域内的核心-边缘关键词[1]。k-核（k-core）是一个建立在节点度数基础上的凝聚子群概念,k-核的定义是:对于所有的节点 $n_i \in N_s$ 来说,如果 $d(n_i) \geq k$,则称子图 G_s 是 k-核,其中 $d(n_i)$ 是指与节点 n_i 相邻接的节点数[2]。一个 k-核是一个最大子图,其中每个节点都至少与其他 k 个节点邻接,即 k-核中所有节点的度数都至少为 k[3]。在原始共词矩阵中非零元

---

[1] Yang Y, Wu M Z, Cui L. Integration of three visualization method based on co-word analysis [J]. Scientometrics, 2012, 90 (2): 659–673.
[2] 罗家德. 社会网分析讲义 [M]. 北京: 社会科学文献出版社, 2010: 227.
[3] 林聚任. 社会网络分析: 理论、方法与应用 [M]. 北京: 北京师范大学出版社, 2009: 135.

素的平均值约为 2.12，因而将共现频次的阈值设定为 2，通过 Ucinet 6.2 将原始共词矩阵转换为二值矩阵（binary matrix）并进行 k - 核分析，分析结果如图 9 - 3 所示。其中，19 个红色节点表示核心关键词（$k=3$），18 个蓝色节点表示次级核心关键词（$k=2$），20 个灰色节点表示边缘关键词（$k=0$），24 个黑色节点表示次级边缘关键词（$k=1$）。

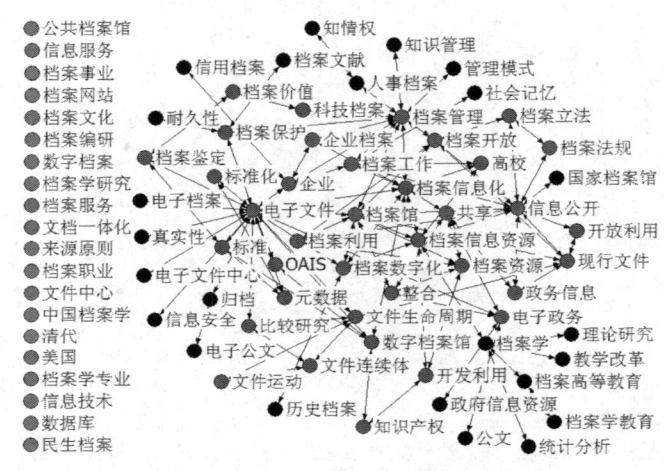

图 9 - 3　高频关键词二值矩阵的 k - 核分析结果

2）聚类分析

通过 SPSS 17.0 对高频关键词相关矩阵进行系统聚类，"聚类方法"选择"组内联结"，"度量标准"选择"平方 Euclidean 距离"，分析结果如图 9 - 4 所示。可见，全部 81 个高频关键词可以分成 16 类，其中聚类 6 中包含的关键词数目较多，可进一步分成两类：聚类 6^* 和聚类 6^{**}。k - 核分析所确定的 19 个核心关键词已用红色字体标出，18 个次级核心关键词已用蓝色字体标出。由图 9 - 4 可见，两者在 16 个聚类中的分布是极不均衡的，核心关键词主要分布于聚类 2、11、15、16 中，次级核心关键词主要分布于聚类 1、10、13 中；两者中的绝大部分集中于聚类 1、2、10、11、13、14、15、16 中。

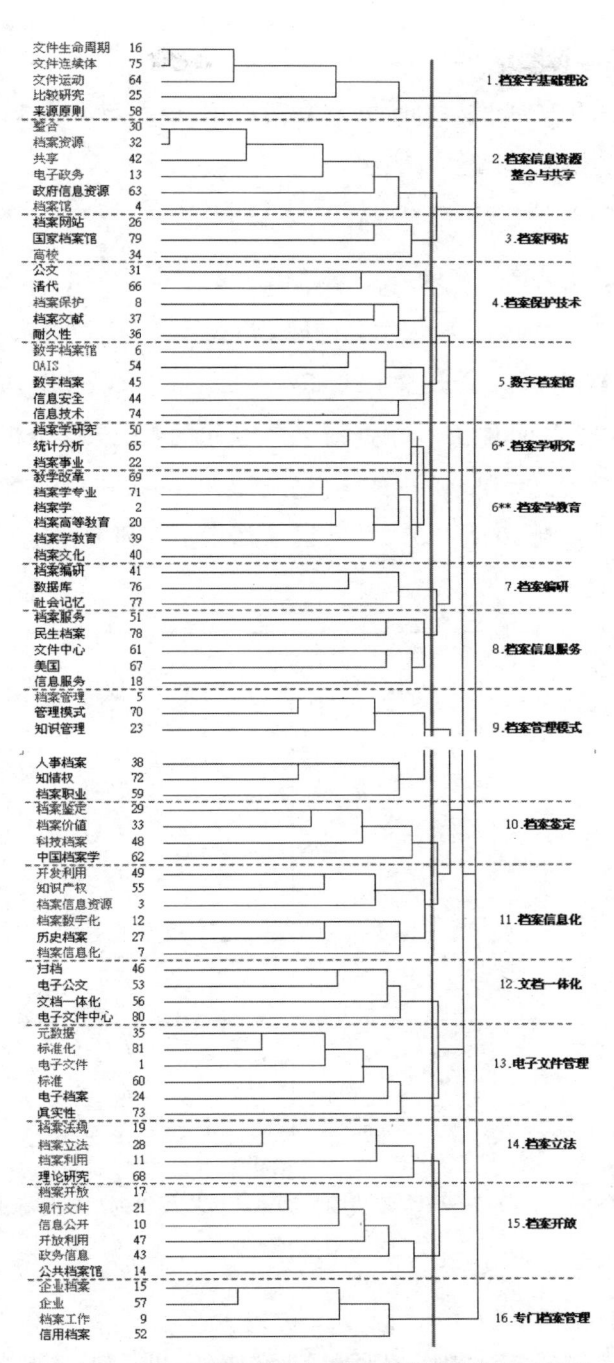

第九章
社会网络分析在文献计量学中的应用

图 9-4 高频关键词相关矩阵的系统聚类分析树状图

3）战略坐标图

本研究采用的密度（Density）和向心度（Centrality）的计算方法如下：对于 $i \neq j$，$\text{Density} = \dfrac{\sum_{i,j \in \Phi_s} E_{ij}}{n-1}$；$\text{Centrality} = \dfrac{\sum_{i \in \Phi_s, j \in (\Phi - \Phi_s)} E_{ij}}{N-n}$；其中，$E_{ij}$ 是包容系数，其计算公式为：$E_{ij} = C_{ij}^2 / C_i \cdot C_j$，其中 C_i、C_j 分别表示关键词 i 和关键词 j 的词频，C_{ij} 表示关键词 i 与关键词 j 的共现频次；n 是某一聚类中的关键词数目，N 是整个共词网络中关键词的总数；Φ_s 是指某一聚类，Φ 是指整个共词网络❶。根据图 9-4 所示的系统聚类分析所确定的 16 个聚类，计算其密度和向心度的均值分别为 0.1247 和 0.0028，通过 Excel 散点图的形式绘制 2002—2012 年我国"档案学"研究主题簇的战略坐标图（见图 9-5）。

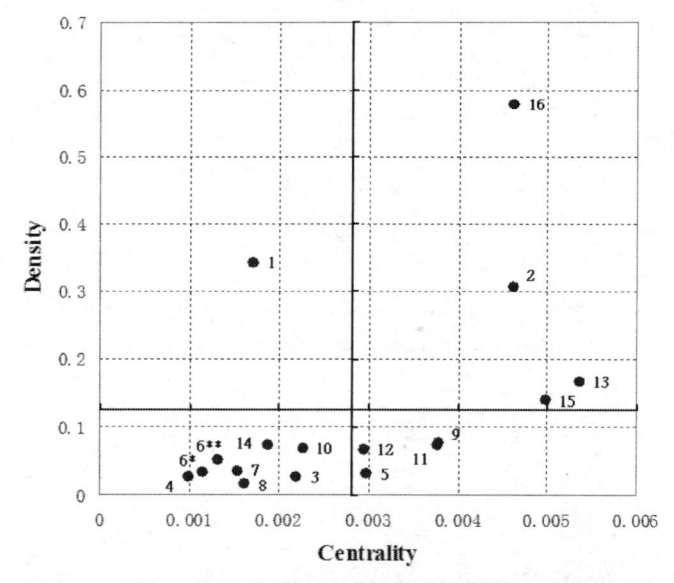

图 9-5　2002—2012 年我国档案学研究主题簇的战略坐标图

---

❶ Bangrae Lee, Yong-Il Jeong. Mapping Korea's national R&D domain of robot technology by using the co-word analysis [J]. Scientometrics, 2008, 77 (1): 3-19.

3. 结论及建议

本研究以共词分析可视化为研究方法绘制了我国"档案学"研究主题的知识图谱，以下结合高频关键词的系统聚类分析结果（见图9-4）和在此基础上绘制的研究主题簇的战略坐标图（见图9-5），具体分析2002—2012年我国档案学研究的16个重要主题的研究状况及其演变趋势：

（1）从图9-5所示的研究主题簇的战略坐标图来看，第Ⅰ象限中包括以下4个研究主题：2（档案信息资源整合与共享）、13（电子文件管理）、15（档案开放）和16（专门档案管理），这些研究主题的密度和向心度都比较高，密度高说明这些研究主题的内部联系紧密，向心度高说明它们与其余研究主题之间具有广泛联系，它们处于所有研究主题的核心位置，受到学者们的关注比较多，并且其研究状况也比较成熟。

（2）第Ⅱ象限中仅包括1个研究主题：1（档案学基础理论），其密度较高但向心度较低，处于所有研究主题的边缘位置，但其研究状况还是比较成熟的，已经自成一体地被深入研究过；作为一个相对独立的研究主题目前表现不活跃，由于缺乏后续进展目前其所受到的关注已较少。

（3）第Ⅲ象限中包括以下7个研究主题：3（档案网站）、4（档案保护技术）、6*（档案学研究）、6**（档案学教育）、7（档案编研）、8（档案信息服务）、10（档案鉴定）和14（档案立法），这些研究主题的密度和向心度都比较低，说明这些研究主题的内部联系松散，与其余研究主题之间的联系也不够紧密，它们处于所有研究主题的边缘位置，并且其研究状况也不够成熟，受到学者们的关注比较少，这些主题还有待于进一步研究。

（4）第Ⅳ象限中包括以下4个研究主题：5（数字档案馆）、9（档案管理模式）、11（档案信息化）和12（文档一体化），这些研究主题的密度较低但向心度较高，说明它们虽处于所有研究主题的核心位置，但其研究状况目前尚不成熟，还具有较大的发展空间；与其余研究主题之间的联系也比较广泛，但由于其内部联系松散、不稳定，在后续发展过程中容易分解或演化为相关主题。

通过上述对于我国档案学研究主题的知识图谱分析，可以发现我国档案学研究虽已取得丰硕成果，但较多研究主题仍然具有较大发展空间。位于战略坐标图四个象限中的研究主题为了取得后续进展，其努力的方向都是在研究的广度和深度上向着第一象限前进，以期成为档案学领域的研究热点和活跃主题。为此，本研究提出以下建议：

（1）主题2（档案信息资源整合与共享）、13（电子文件管理）、15（档案开放）和16（专门档案管理）是2002—2012年档案学学科领域发展成熟度和活跃度都很高的研究主题，为了维持其目前的研究地位，需在研究的深度和广度上取得进展，即这些研究主题需做更深层次的研究，并注重与其他相关研究主题的结合。

（2）主题1（档案学基础理论）的研究相对独立且比较成熟，为了获得持续关注和进一步发展，这一研究主题需要拓宽其目前的研究范围，寻找与其他研究主题合适的契合点，从而形成新的研究前沿与热点。

（3）主题3（档案网站）、4（档案保护技术）、7（档案编研）、8（档案信息服务）、10（档案鉴定）和14（档案立法）是结合社会需求而发展起来的研究主题，为了获得更多关注和持续发展，这些研究主题需要加强自身的理论研究，并寻找与发展成熟的研究主题的结合点，努力成为档案学学科领域未来的研究热点。

（4）主题5（数字档案馆）、9（档案管理模式）、11（档案信息化）和12（文档一体化）与其他研究主题结合非常紧密，但因其内部联系松散易分解或演化为相关主题，因此在其研究过程中应注重保持研究主题的一致性，尽量围绕研究主题的共性去展开研究，促使研究主题内部形成稳定结构，从而促进这些研究主题的成熟发展。

本研究将共词聚类与战略坐标相结合分析了2002—2012年我国档案学

的学科发展状况，通过共词聚类确定了 2002—2012 年我国档案学研究的重要主题，借助战略坐标图进一步描述了在此期间各研究主题的演变趋势，对指导档案学专业人员把握学科前沿的未来发展方向，集中有限力量在重点研究领域有所突破，促进档案学学科发展具有一定的指导意义。

第二节 社会网络分析在共被引分析中的应用

作者共被引分析（Author Co-citation Analysis，ACA）是 1981 年由 Drexel 大学的 H. D. White 和 B. C. Griffith 提出的一种文献计量学方法，其基本原理是：当两个作者各自的作品同时被后继作品所引用，则称这两个作者之间存在共被引关系。作者经常被共同引用则表明他们的作品在研究主题的概念、理论或方法上是相关的，两个作者共被引的次数越多，表明他们之间的关系越密切，也可以说"距离"就越接近。利用因子分析、聚类分析和多维尺度分析等多元统计分析技术，可以进一步按照这种"距离"将一个学科领域内的核心作者加以分类，从而识别出该学科领域内的"科学共同体"或"无形学院"，并通过绘制"科学地图"实现可视化展示的目标。作者共被引分析从特定学科领域核心作者的共被引关系入手，探讨学科领域的研究主题和学术流派等问题。同传统的学者个人归纳、访谈调查等主观分类方法相比，作者共被引分析最大的优势在于它的客观性、分类原则的科学性和数据的有效性[1]。

案例分析 9-2 利用作者共被引分析、多元统计分析和社会网络分析方法探讨了 1998—2012 年我国档案学领域核心作者的研究主题及影响力情况。

---

[1] 许海云，方曙. 科学计量学的研究主题与发展——基于普赖斯奖得主的扩展作者共现分析[J]. 情报学报，2013，32（1）：58-67.

※案例分析 9-2：我国档案学研究核心作者影响力分析
——以作者共被引分析为视角[1]

本研究利用 CSSCI 数据库的引文数据确定了 1998—2012 年我国档案学领域的 45 位核心作者，通过作者共被引分析和多元统计分析方法将上述 45 位核心作者划分至 10 个主题领域，并通过社会网络分析方法进一步探讨了 45 位核心作者在信息传播和知识交流中影响力情况。

1. 数据获取与处理

1）核心作者确定

本研究通过 CSSCI 来源期刊的发文篇数、被引篇数和被引次数确定 1998—2012 年档案学领域的核心作者。笔者于 2014 年 3 月 23 日在《中国社会科学引文索引（CSSCI）》数据库中选择 1998—2012 年"被引文献"数据库，并以"档案学"为检索词进行所有字段检索，共计检索出被引期刊文献 1813 篇，累计被引频次为 3207 次，统计第一作者共计 859 人。分别统计每位作者的被引篇数和被引次数，其中"被引次数≥8"的作者共计 86 人。在 CSSCI 数据库中选择 1998—2012 年"来源文献"数据库，分别检索上述 86 位作者以第一作者发表的来源期刊文献篇数，其中"发文篇数≥8"的作者共计 69 人。综合考虑发文篇数、被引篇数和被引次数，最终确定 48 位作者作为 1998—2012 年档案学领域的核心作者（见表 9-2）。48 位作者的总被引次数为 1126 次，占全部作者累积总被引次数的 35.11%，可以判断他们是我国档案学领域的高影响力作者，其作品对我国的档案学研究产生了广泛且持续的影响力。

---

[1] 姜鑫，马海群. 基于作者共被引分析的我国档案学学科知识结构探析[J]. 档案学研究，2015，（1）：22-29.

表 9-2　1998—2012 年我国档案学领域的核心作者

作者	发文篇数	被引篇数	被引次数	作者	发文篇数	被引篇数	被引次数	作者	发文篇数	被引篇数	被引次数
冯惠玲	39	33	155	马仁杰	21	10	20	肖文建	21	7	14
何嘉荪	18	27	93	华林	19	9	20	潘玉民	14	10	13
胡鸿杰	22	19	67	王协舟	25	11	19	杨霞	14	8	13
傅荣校	29	22	47	徐拥军	17	8	19	谭必勇	13	5	13
周毅	60	16	44	桑毓域	8	7	19	赵淑梅	18	6	12
吴品才	24	12	28	黄霄羽	18	7	18	覃兆刿	15	9	12
张照余	18	15	28	陈永生	13	10	18	钱毅	9	7	12
丁华东	22	16	27	倪丽娟	23	11	17	郭莉珠	8	6	12
刘家真	64	11	26	宗培岭	12	9	17	张正强	21	6	11
张辑哲	14	8	26	朱玉媛	25	10	16	张美芳	18	6	11
安小米	20	9	25	姜之茂	14	9	15	陈祖芬	19	7	9
何振	22	8	24	孟世恩	13	8	15	蒋卫荣	17	9	9
周耀林	21	16	24	霍振礼	11	13	15	裴友泉	16	5	9
王英玮	14	13	24	刘新安	11	7	15	王萍	28	8	8
李财富	20	15	21	金波	10	10	15	陈忠海	24	7	8
伍振华	12	9	21	丁海斌	25	8	14	刘国能	18	8	8

2）作者共被引矩阵构建

本研究利用 CNKI 数据库的作者共被引检索功能，在线检索出 48 位核心作者的共被引次数，共有 (48×47)/2 = 1128 组不同的数据。具体方法是：在 CNKI 数据库的高级检索界面中选择"参考文献"字段，在检索词中分别输入两位作者的姓名，二者为"逻辑与"关系，得出两位作者的共被引次数以及共被引文献列表。检索过程为"精确"匹配，来源类别选择"核心期刊"❶，检索年限选择为 1998—2012 年。删除"共被引总次数 < 20"

---

❶ 如果此处期刊来源类别选择"CSSCI 来源期刊"，由于档案学领域仅有两种 CSSCI 来源期刊，笔者尝试后发现所得作者共被引矩阵过于稀疏，并导致其后的因子分析结果不够精确。

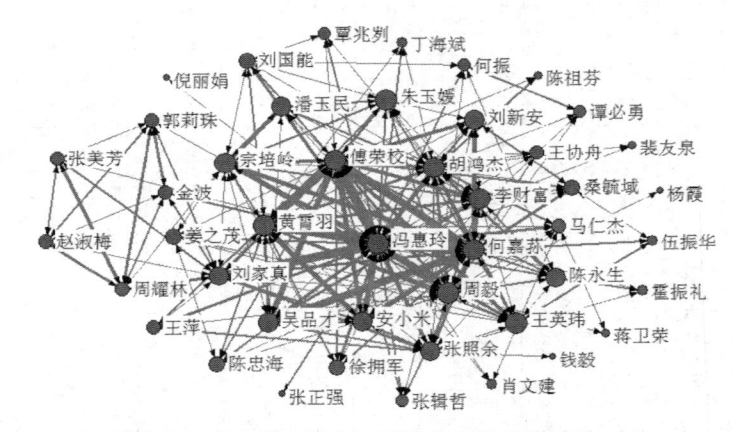

的 3 位作者：丁华东、华林和孟世恩，最终得到一个 45×45 的作者共被引矩阵 Z_{ij}（author co-citation matrix），将其导入社会网络分析软件 Ucinet 6.2，然后通过 Ucinet 的绘图软件工具 NetDraw 直观展现上述 45 位核心作者之间的共被引关系（见图 9–6）。图 9–6 的每个节点●代表一位核心作者，节点的大小表示作者的点度中心度，即与其有共被引关系的作者的人数，连线的粗细表示两个作者共被引次数的多少。为了更清晰地体现出作者之间的共被引关系，图 9–6 只保留了作者之间共被引次数≥5 的全部连线。

图 9–6　核心作者的共被引网络（共被引次数≥5）

通过对上述作者共被引矩阵 Z_{ij} 进行分析可以发现，以上（45×44）/2 = 990 组作者对所形成的总共被引次数为 3310 次，平均共被引次数为 3.34 次/对，可见档案学领域作者之间总体的共被引强度不太高。此外，共被引矩阵中有 322 对作者之间不存在共被引关系，占到总数的 32.53%；共被引次数≥10 的作者有 82 对，占到总数的 8.28%；共被引次数≥50 的作者对仅有 5 对（见表 9–3）；可见我国档案学领域核心作者的共被引程度比较分散，未能形成统一的、稳定的研究群体影响模式，作者所产生影响的主题领域也较为分散。共被引次数最高的 6 组作者对分别是：冯惠玲－何嘉荪、冯惠玲－傅荣校、冯惠玲－刘家真、何嘉荪－黄霄羽、傅荣校－黄霄羽、何嘉荪-吴品才；其中涉及 6 位作者：冯惠玲、何嘉荪、傅荣校、刘家真、黄霄羽和吴品才，可以判断他们对我国档案学领域的发展都产生了最大的影响。

表 9-3 核心作者共被引次数的频数分布表

作者共被引次数	组数	比例（%）
≥50	5	0.51
40~49	1	0.10
30~39	6	0.61
20~29	11	1.11
10~19	59	5.96
1~9	586	59.19
0	322	32.53
合计	990	100.00

2. 数据分析

1）因子分析可视化

本研究采用因子分析来探讨档案学领域的核心作者基于共被引关系的分类情况。通过 SPSS 21.0 对作者共被引矩阵 Z_{ij} 进行因子分析，其中主对角线赋值为"行列最大值+1"，即"每一作者与其他作者的最大共被引次数+1"[1]，"抽取"方法选择"主成分"（Principal components），"旋转"方法选择"最大方差法"（Varimax）。选取特征值大于 1 的 10 个特征因子，它们能够解释全部方差的 81%，能够代表核心作者数据所反映的大部分信息，核心作者共被引矩阵因子分析结果见表 9-4。因子载荷代表作者与本研究领域之间的相关系数，绝对值越大的因子载荷与本研究领域的关系越密切，在研究领域命名及解释内涵时越重要。按照作者共被引分析方

---

[1] 邱均平，马瑞敏，李晔君. 关于共被引分析方法的再认识和再思考［J］. 情报学报，2008，27（1）：69-74.

法的惯例，因子载荷绝对值超过 0.5 的才被接受，超过 0.7 的则被认为对公共因子（即研究领域）的命名有帮助。由于本研究中核心作者的因子载荷偏低，全面权衡后将因子载荷的阈值降低至 0.3，然后分析因子载荷超过 0.5 的核心作者的研究领域。

表 9-4 核心作者共被引矩阵因子分析结果（载荷 >0.3）

因子命名	作者总数	载荷总值	载荷均值	最大载荷值	主要载荷作者及其因子载荷
因子 1：档案学基础理论	22	12.913	0.587	0.847	何嘉荪 0.840、傅荣校 0.782、吴品才 0.805、张辑哲 0.646、伍振华 0.651、桑毓域 0.821、黄霄羽 0.847、刘新安 0.798、
因子 2：档案保护技术	6	5.503	0.917	0.962	周耀林 0.962、赵淑梅 0.951、金波 0.810、郭莉珠 0.946、张美芳 0.866
因子 3：（电子）文件管理	9	5.264	0.585	0.797	冯惠玲 0.545、张照余 0.691、钱毅 0.672、刘家真 0.667、张正强 0.797、王萍 0.725
因子 4：档案工作	9	5.061	0.562	0.811	王英玮 0.532、宗培岭 0.692、朱玉媛 0.566、姜之茂 0.811、潘玉民 0.775、陈忠海 0.547
因子 5：档案开放与立法	6	3.725	0.621	0.840	马仁杰 0.735、周毅 0.438、肖文建 0.676、蒋卫荣 0.840、杨霞 0.477
因子 6：档案学教育与研究	10	4.603	0.460	0.831	陈祖芬 0.831、胡鸿杰 0.537、李财富 0.427、王协舟 0.476、徐拥军 0.512
因子 7：档案资源整合与利用	4	2.452	0.613	0.859	谭必勇 0.859、王协舟 0.466、何振 0.746、
因子 8：档案管理	5	2.634	0.527	0.794	倪丽娟 0.534、覃兆刿 0.794、刘国能 0.604
因子 9：档案开放与利用	5	2.778	0.556	0.839	陈永生 0.766、霍振礼 0.839、周毅 0.347
因子 10：档案数字化	3	1.273	0.424	0.505	丁海斌 0.505、裴友泉 0.346、钱毅 0.422

表 9-4 中每个因子中的最大因子载荷对因子命名起主要作用，每位作者的最大因子载荷表示该作者最重要的研究领域。我国档案学领域的核心

作者基于共被引关系大致划分为10个主题领域：档案学基础理论、档案保护技术、（电子）文件管理、档案工作、档案开放与立法、档案学教育与研究、档案资源整合与利用、档案管理、档案开放与利用以及档案数字化。不同研究领域的核心作者人数存在较大差异，这表明不同研究领域受到学者的关注程度差别较大。有多达22位核心作者涉及"主题1：档案学基础理论"，而涉及其他研究主题的作者人数均未超过10人。通过Netdraw绘图软件工具将因子分析结果通过2-模网络直观展现出来（见图9-7）。图9-7展现了核心作者（变量）与研究领域（因子）之间的对应关系，其中作者节点●代表45位核心作者，作者节点的大小表示该作者涉及的研究领域的数目；因子节点■代表10个研究领域（因子），因子节点的大小表示所有作者对该因子的载荷总值；作者节点与因子节点之间连线的粗细表示作者对该因子的载荷大小。

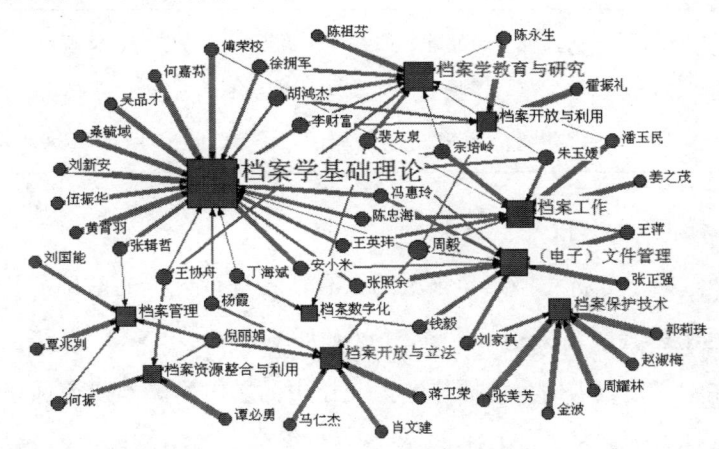

图9-7 核心作者共被引矩阵因子分析结果可视化（载荷>0.3）

进一步统计45位核心作者对不同主题领域的影响力情况（见表9-5）。由表9-5可见，45位核心作者中有21位作者仅涉及1个研究领域，另外23位作者则涉及2~3个研究领域，还有1位作者周毅涉及多达5个研究领域，这也体现了不同研究领域的研究主题之间存在交叉重叠现象。例如，"主题1：档案学基础理论"与"主题2：（电子）文件管理"通过文件运动理论而产生关联;"主题5:档案开放与立法""主题7:档案资源整合与利用"与"主题9:档案开放与利用"通过档案开放与获取问题而产生关联;"主题4:档案工作"与"主题8:档案管理"通过专门档案管理而产生关联;10个主题领域中只有"主题2:档案保护技术"与其他主题领域的关联较少而表现出相对独立性。

表9-5 核心作者对不同主题领域的影响力情况统计

影响领域	作者数	核心作者
5	1	周毅
3	7	胡鸿杰、李财富、王协舟、倪丽娟、宗培岭、朱玉媛、裴友泉、
2	16	冯惠玲、傅荣校、张照余、刘家真、张辑哲、安小米、何振、王英玮、徐拥军、陈永生、丁海斌、潘玉民、杨霞、钱毅、王萍、陈忠海
1	21	何嘉荪、吴品才、周耀林、伍振华、马仁杰、桑毓域、黄霄羽、姜之茂、霍振礼、刘新安、金波、肖文建、谭必勇、赵淑梅、覃兆刿、郭莉珠、张正强、张美芳、陈祖芬、蒋卫荣、刘国能

2)网络结构分析

在通过因子分析对档案学领域的核心作者进行分类的基础上,本研究进一步运用社会网络分析(Social Network Analysis,SNA)方法,探讨核心作者在学科领域内信息传播与知识交流中的影响力。本研究通过社会网络分析软件Ucinet 6.2对上述45位核心作者的共被引网络进行结构分析。通常用网络密度来度量网络节点之间联系的紧密程度,联系紧密的网络会促进信息交流和科研合作;反之,过于稀疏的网络则会阻碍科学研究的发展❶。沿着"Network→Cohesion→Density→(new) Density Overall"路径计

---

❶ 刘军. 整体网分析讲义——UCINET软件实用指南[M]. 上海:上海人民出版社,2009:97-107.

算该网络的密度为 3.3434，网络连通性处于较高水平，没有孤立节点存在，大部分节点之间均是连通的。以下借助于网络中心性分析和核心－边缘结构分析对档案学领域核心作者的影响力情况进行深入的探索。

（1）网络中心性分析。中心性是社会网络分析的研究重点之一，它反映了个人或组织在其所处网络中的地位及影响力。中心性的度量主要有3个：点度中心度（degree centrality）、中介中心度（betweenness centrality）和接近中心度（closeness centrality）。点度中心度测度了与某一节点有直接联系的节点的数目，点度中心度越大的节点越居于中心地位，因而在网络中拥有越大的影响力；沿着"Network → Centrality → Degree"路径计算各作者的点度中心度。中介中心度反映了一个节点在信息交流中的控制力，如果一个节点处于许多其他两点之间的最短路径上，则该节点具有较高的中介中心度；沿着"Network → Centrality → Freeman Betweenness → Node Betweenness"路径计算各作者的中介中心度。接近中心度也可反映某一节点在信息交流中的控制力，如果一个节点通过比较短的路径与许多其他节点相连，则该节点具有较高的接近中心度；沿着"Network → Centrality → Closeness"路径计算各作者的接近中心度[1]；具体计算结果见表9-6。

表9-6 核心作者共被引网络的中心性指标

作者	标准化点度中心度	标准化中介中心度	标准化接近中心度	作者	标准化点度中心度	标准化中介中心度	标准化接近中心度	作者	标准化点度中心度	标准化中介中心度	标准化接近中心度
冯惠玲	23.782	2.507	100.000	刘新安	5.479	0.424	74.576	覃兆刿	3.026	0.280	70.968
傅荣校	20.414	2.013	95.652	刘国能	5.398	1.158	86.275	张美芳	2.963	0.435	66.667
何嘉荪	19.359	1.474	88.000	潘玉民	5.317	0.514	78.571	赵淑梅	2.881	0.101	61.111
黄霄羽	15.625	1.743	93.617	金波	5.195	1.386	84.615	张辑哲	2.800	0.066	63.768
胡鸿杰	10.877	1.765	91.667	陈忠海	4.424	1.034	83.019	肖文建	2.719	0.583	77.193

---

[1] 邱均平, 张晓培. 基于CSSCI的国内知识管理领域作者共被引分析[J]. 情报科学, 2011, 27 (10): 69-74.

续表

作者	标准化点度中心度	标准化中介中心度	标准化接近中心度	作者	标准化点度中心度	标准化中介中心度	标准化接近中心度	作者	标准化点度中心度	标准化中介中心度	标准化接近中心度
周毅	9.821	1.346	89.796	桑毓域	4.099	0.375	72.131	伍振华	2.679	0.147	67.692
宗培岭	9.416	1.763	91.667	徐拥军	4.018	0.528	78.862	丁海斌	2.435	0.346	68.750
刘家真	9.375	1.089	83.019	周耀林	3.977	0.172	61.972	陈祖芬	2.313	0.066	66.667
安小米	9.131	1.688	89.796	王协舟	3.937	0.591	78.571	霍振礼	2.151	0.218	65.672
张照余	9.010	1.605	91.667	马仁杰	3.856	0.507	74.576	倪丽娟	2.029	0.345	72.131
吴品才	8.523	0.888	83.019	王萍	3.815	0.294	70.968	杨霞	1.989	0.121	67.692
李财富	7.468	0.866	81.481	何振	3.693	0.753	80.000	蒋卫荣	1.664	0.127	63.768
王英玮	6.818	0.910	84.615	谭必勇	3.450	0.624	78.571	钱毅	1.542	0.259	64.706
陈永生	5.885	0.867	80.000	郭莉珠	3.369	0.122	61.972	张正强	1.420	0.206	62.857
朱玉媛	5.804	1.105	84.615	姜之茂	3.369	0.604	74.576	裴友泉	1.177	0.024	57.895

由表9-6可见，在上述三种中心性测度中排在前面的学者重复性很高，说明这些学者是我国档案学领域研究的核心力量，对该领域内的信息传播和知识交流产生了较大的影响，并对推动我国档案学学科发展具有非常重要的作用；计算三种中心性指标的Pearson相关系数r：点度中心度与中介中心度的相关系数$r_1=0.870300$，点度中心度与接近中心度的相关系数$r_2=0.802773$，中介中心度与接近中心度的相关系数$r_3=0.951641$，说明三种中心度指标之间是高度相关的（$r>0.8$），这一计算结果也进一步印证了前述结论。

（2）核心-边缘结构分析。核心-边缘结构是由若干元素相互联系而构成的中心紧密相连、外围稀疏分散的网络结构[1]。其主要特点是：处于核心区域的节点将不能继续划分为独立的凝聚子群，同时处于边缘的节点仅与各自相对的某些核心节点保持紧密联系，而外围节点彼此之间联系稀

---

[1] Borgatti S P, Everett M G. Models of core/periphery structures [J]. Social Networks, 1999, 21 (4): 375-395.

疏并呈现散射状边缘分布❶。在 Ucinet 6.2 中沿着"Network→Core/Periphery→Continuous"路径，在"Algorithm"选项中选择"distance"，计算出每位作者的核心度，所得计算结果按照从高到低的顺序排列见表9-7。由表9-7可见，核心作者之间的核心度存在较大差异，并且出现了一个明显的异常值：刘国能的核心度为0.411，位列第一，结合其他分析结果，可判断为异常值；接下来进一步将各作者划分至核心-边缘区域。

表9-7　核心作者共被引网络的核心度

排序	作者	核心度	排序	作者	核心度	排序	作者	核心度	排序	作者	核心度	排序	作者	核心度
1	刘国能	0.411	10	胡鸿杰	0.139	19	李财富	0.103	28	王协舟	0.082	37	丁海斌	0.064
2	冯惠玲	0.353	11	张照余	0.136	20	宗培岭	0.100	29	郭莉珠	0.082	38	霍振礼	0.056
3	傅荣校	0.350	12	徐拥军	0.136	21	金波	0.092	30	张美芳	0.080	39	姜之茂	0.047
4	何嘉荪	0.295	13	谭必勇	0.128	22	王英玮	0.090	31	马仁杰	0.077	40	钱毅	0.045
5	黄霄羽	0.290	14	朱玉媛	0.121	23	周耀林	0.088	32	陈祖芬	0.072	41	张正强	0.034
6	刘家真	0.250	15	王萍	0.112	24	刘新安	0.088	33	肖文建	0.071	42	裴友泉	0.026
7	安小米	0.176	16	陈永生	0.109	25	覃兆刿	0.087	34	潘玉民	0.071	43	张辑哲	0.025
8	吴品才	0.160	17	桑毓域	0.107	26	何振	0.086	35	赵淑梅	0.071	44	倪丽娟	0.014
9	周毅	0.143	18	杨霞	0.104	27	伍振华	0.082	36	陈忠海	0.066	45	蒋卫荣	0.012

在 Ucinet 6.2 中沿着"Network→Core/Periphery→Categorical"路径，对核心作者共被引网络进行核心-边缘结构分析，计算结果如图9-8所示。由图9-8可见，核心区域包括9位作者：冯惠玲、何嘉荪、胡鸿杰、傅荣校、周毅、吴品才、刘家真、安小米和黄霄羽；边缘区域包括其余36位作者。核心区域中的9位作者对我国档案学领域的发展产生了重要的影响，可以说他们是推动我国档案学学科发展的核心研究力量。这一分析结果与上述作者核心度的计算结果大致吻合，核心度排序前十位的作者中只有刘国能没有进入核心区域。

---

❶ 张玥，朱庆华. 学术博客交流网络的核心-边缘结构分析实证研究[J]. 图书情报工作，2009，53（12）：25-29.

```
Core/Periphery Class Memberships:
  1:  冯惠玲 何嘉荪 胡鸿杰 傅荣校 周毅 吴品才 刘家真 安小米 黄霄羽
  2:  张照余 张辑哲 何振 周耀林 王英玮 李财富 伍振华 马仁杰 王协舟 徐拥军 桑毓域 陈永生 倪丽娟
      宗培岭 朱玉媛 姜之茂 霍振礼 刘新安 金波 丁海斌 肖文建 潘玉民 杨霞 谭必勇 赵淑梅 覃兆刿 钱毅 郭莉珠
      张正强 张美芳 陈祖芬 蒋卫荣 裴友泉 王萍 陈忠海 刘国能
```

图9-8 核心作者共被引网络核心-边缘结构分析结果（部分）

3. 结论与建议

综合考虑我国档案学领域核心作者所在的主题领域及其因子载荷（见表9-4、图9-7），并结合中心性分析结果（见表9-6）与核心-边缘结构分析结果（见表9-7、图9-8），可以得出如下研究结论：

(1) 通过因子分析可以发现1998—2012年我国档案学研究主要集中于10个主题领域：1（档案学基础理论）、2（档案保护技术）、3（电子文件管理）、4（档案工作）、5（档案开放与立法）、6（档案学教育与研究）、7（档案资源整合与利用）、8（档案管理）、9（档案开放与利用）和10（档案数字化）。我国档案学领域的45位核心作者在10个主题领域的分布很不均衡，其中，1（档案学基础理论）、3（电子文件管理）、4（档案工作）和6（档案学教育与研究）这四个主题领域涉及的核心作者人数最多，表明它们受到作者的关注程度也是最高的，其余6个主题领域还需引起更多学者的关注。

(2) 通过中心性分析和核心-边缘结构分析可以发现，冯惠玲、何嘉荪、胡鸿杰、傅荣校、周毅、吴品才、刘家真、安小米和黄霄羽9位作者是我国我国档案学领域的核心研究力量，9位作者的总被引次数高达503次，占全部作者累积总被引次数的15.68%，表明其作品对我国的档案学研究产生了广泛且持续的影响力，也表明他们对档案学领域内的信息传播和知识交流具有很高的影响力，并对推动我国档案学学科发展具有非常重要的作用；其研究主要涉及1（档案学基础理论）和3（电子文件管理）这两个主题领域，相对而言，其余8个主题领域的研究力量还有待于加强，尤其是需要大力提升研究的广度和深度。

(3) 通过分析10个主题领域的核心作者及其因子载荷可以发现，全部 45 位核心作者中有 23 位作者涉及 2~3 个主题领域，还有 1 位作者周毅涉及多达 5 个主题领域，另外 21 位作者仅涉及 1 个主题领域，由此可以将我国档案学领域核心作者的研究模式大致归纳为 3 个类型：①单一主题跟进，展开专深研究——在全部 45 位核心作者中有 21 位作者仅涉及 1 个主题领域，对其所涉及的唯一主题领域（因子）的因子载荷均超过 0.6，其中有 14 位作者具有很高的因子载荷（>0.8），说明对其所涉及的唯一主题领域进行了十分专深的研究。例如，主题 2（档案保护技术）的 6 位作者中有 5 位作者：周耀林、郭莉珠、赵淑梅、张美芳和金波均属于这一研究模式。②多个主题跟进，单一主题深入——在涉及 2 个以上主题领域的 24 位作者中，有 11 位作者对某一主题领域具有较高的因子载荷（>0.6），表明虽然其研究涉及多个主题领域，但对其中的某一主题领域进行过较为专深的研究。③多个主题跟进，未见深入主题——在涉及 2 个以上主题领域的 24 位作者中，另外 13 位作者对每一主题领域的因子载荷均未超过 0.6，说明其未对所涉及的任何一个主题领域进行过足够深入的研究。综上所述，我国档案学领域作者研究的集中性和专注性还有待于提高。

第十章　社会网络分析在网络计量学中的应用

本章主要介绍社会网络分析（SNA）方法在网络关联性研究以及网络信息交流研究中的应用。中心性分析、凝聚子群分析、核心－边缘结构分析、结构洞分析等社会网络分析方法均可用于网络信息交流结构研究。

第一节　社会网络分析在网络关联性研究中的应用

针对关联性的研究与当代著名的"小世界"（small world）研究息息相关。1967 年，美国哈佛大学社会心理学家 Stanly Milgram 设计了一个连锁信件实验，这个实验也称为"小世界实验"，是对"小世界现象"（small world phenomenon）最早的研究。Milgram 得出的推断是：地球上任意两个人之间的平均距离是 6，这就是著名的"六度分离"（Six Degrees of Separation）理论。这个实验是一个开创性的工作，它表明人类社会是一个具有小世界特征的网络。1998 年，Watts 和 Strogatz 提出了基于人类社会网络的 W-S 小世界网络模型，同时给出了构造 W-S 小世界网络（SWN）的算法。Watts 指出，小世界现象令人感兴趣的原因在于它具有如下四个方面的性质：

（1）整个网络巨大。现实世界中包含的人数达到数十亿数量级。

(2) 网络是稀疏的。平均说来,人们在日常生活中接触到的人数极少,最多与几千人接触,而即便是几千人,现对于几十亿来说也是微乎其微,因此网络是稀疏的。

(3) 网络是去中心化的,即不存在中心节点。

(4) 整个网络是高度聚类的,大多数朋友圈都有重叠。

前两个条件在现实生活中是满足的,后两个条件虽然比较难以保证,但在现实生活中是可以理解的。满足上述四个条件的网络就构成了小世界网络。

Watts 提出的 W-S 小世界网络模型的算法如下:①从规则图开始:从具有 N 个节点的环形网络开始,其中每个节点都与它左右相邻的各 $K/2$ 个节点相连,K 是偶数;②随机化重连:以概率 p 随机地为网络中的每条连线重新布线,同时保证没有自连接和重复连线。这一过程引入了 $pNK/2$ 条长距离连线,它们连接了一部分非邻接节点。在这个模型中,$p=0$ 对应于规则网络(regular network),$p=1$ 对应于随机网络(random network),通过调整 p 的值,可以观察到从规则网络到随机网络的变化。

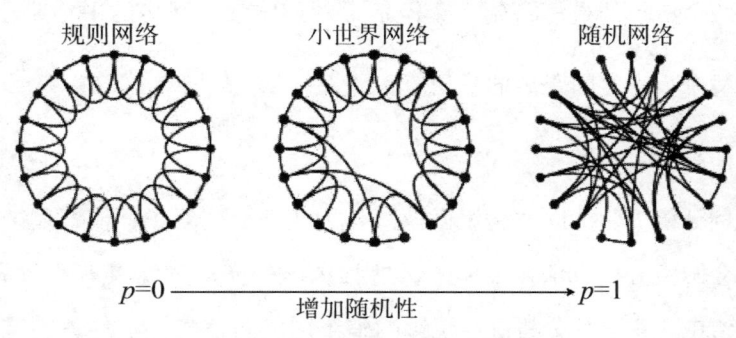

图 10-1 小世界网络的构造过程以及
从规则网络向随机网络的过渡($N=20$,$K=4$)[1]

---

[1] Watts D J, Strongatz S H. Collective dynamics of small-world networks [J]. Nature, 1998, 393 (4): 440-442.

如果网络中两个节点之间的平均距离 L 随网络规模（网络中的节点数 N）呈对数增长，即 $L \propto \ln N$，则称该网络具有小世界现象。小世界现象的特征是既具有较高的聚类系数，又具有较短的平均路径长度，存在小世界现象的网络称为小世界网络。因此，聚类系数和平均路径长度是目前考察小世界现象的两个重要指标。

（1）聚类系数（C）。一般地，假设网络中的一个节点 i 通过 k_i 条连线与其他 k_i 个节点相连。显然，在这 k_i 个节点之间最多可能有 $k_i(k_i-1)/2$ 条连线；而这 k_i 个节点之间实际存在的连线数 E_i 与总的可能的连线数之比称为节点 i 的聚类系数 C_i，即 $C_i = \dfrac{2E_i}{k_i(k_i-1)}$，对网络中的所有节点的聚类系数取平均，可以得到整个网络的聚类系数 C，即 $C = \dfrac{1}{N}\sum_{i=1}^{N} C_i$，其中 N 是网络中的节点数[1]。

（2）平均路径长度（L）。网络中两个节点 i 和 j 之间距离 $d(i,j)$ 为连接这两个节点的最短路径（捷径）上的连线数。网络的平均路径长度 L 为任意两个节点之间距离的平均值，即 $L = \dfrac{2}{N(N+1)}\sum_{i \geqslant j} d(i,j)$，其中 N 是网络中的节点数[1]。

案例分析 10-1 以"腾讯微博"作为实证研究对象，借鉴复杂网络理论和社会网络分析方法，证明了微博社区内的交流网络具有小世界特征。通过网络中介中心性分析确定了影响整个网络内信息扩散的关键节点和连线，并进一步探讨了微博社区内信息传播的"小世界"现象的成因。

---

[1] 汪小帆，李翔，陈关荣. 复杂网络：理论及其应用 [M]. 北京：清华大学出版社，2006：10-11.

※案例分析10-1：微博社区内信息传播的"小世界现象"研究[1]

微博，即微博客（MicroBlog），也称即时博客，是一个基于用户关系的信息分享、信息传播以及信息获取平台[2]，具有微内容、微形式、微成本等特性和优势，已成为Web 2.0时代深受欢迎的新型媒体[3]。最早也是最著名的微博是美国的Twitter。微博用户可以通过Web、手机（短信、WAP）、IM软件（GTalk、MSN、QQ、Skype）和外部API接口等多种途径，以140字左右的文字发布消息，把看到、听到、想到的内容随时写到微博上，与其他用户实现即时分享。作为互联网发展过程中少有的以内容为核心价值的产品，微博被认为是互联网信息传播最重要的新渠道[4]。在相当短的时间内，微博已经从影响个人生活延伸到推动信息传播，甚至社会变革的层面[5]。

微博中的信息传播方式，既不同于传统媒体的线性传播（One to One），也不同于网络媒体的网状传播（One to N），而是一种全新的网核状、裂变式的传播（One to N to N）[6]，这种传播模式可以在短时间内实现信息的几何级数扩散。微博中的信息传播依赖于"社会网络"（social network），也就是社会行动者及他们之间的关系的集合。也可以说，一个社会网络是由多个节点（社会行动者）和各节点之间的连线（代表行动者之

---

[1] 姜鑫，田志伟. 微博社区内信息传播的"小世界"现象及实证研究——以腾讯微博为例[J]. 情报科学，2012, 30 (8): 1139-1142.
[2] 百度百科. 微博 [EB/OL]. http://baike.baidu.com/view/1567099.htm [2011-11-15].
[3] 王智红. 微博：小世界中的大精彩[J]. 新闻爱好者, 2011, (8): 56-57.
[4] 袁楚. 微博将创造信息传播新方式——访中国人民大学新闻学院副院长彭兰教授[J]. 互联网天地，2010, (12): 10-11.
[5] 百度百科. 微博 [EB/OL]. http://baike.baidu.com/view/1567099.htm [2011-11-15].
[6] 张玉良. "微博时代"的信息传播[J]. 新闻爱好者, 2011, (6): 24-25.

间的关系）组成的集合。人们在社会网络的节点中发布信息，每个节点既是信息的发送者（sender），同时也是信息的接收者（receiver），这些节点上的信息传播依赖于节点的社会网络。因此，可以借助社会网络分析（Social Network Analysis，SNA）的理论与方法对微博社区内的信息传播进行实证研究。

1. 数据获取与处理

本研究的实证数据来自于2011年11月15日采样的腾讯微博（http://t.qq.com/）。腾讯微博是中国大陆主流微博中最亲民的一个，其宣传口号是"你的心声，世界的回声"。截至2011年5月，腾讯微博的用户数量已超过2亿。在腾讯微博中，"名人"相对"草根"而言受到更多的"关注"，故在信息及"网络舆情"的传播中，起到更为重要的作用，本研究选取的微博用户，都是"关注"人数在400万以上的"名人"。本次抽样采取"滚雪球"的方法，即在随机确定一个"关注"人数在400万以上的"名人"微博用户后，观察其"关注"的对象，并将"被关注"人数超过400万的用户记录下来，从而得到第一组用户的信息；再对这一组用户中的每一位用户重复上述过程，就可以得到下一组用户的信息。本次"滚雪球"抽样的起点是"唐骏"的腾讯微博（http://t.qq.com/juntang）。按照上述方法，可以得到共计由91位用户组成的三组用户的信息，这91位用户来自大陆、中国台湾和中国香港，涉及企业界、传媒界、文艺界和学术界等多个领域，具有一定的代表性（见本章附录）。

根据本研究观察记录"关注"关系数据的特点，采用"文本编辑器"输入"关注"关系矩阵。由于"关注"关系矩阵是一个1-模邻接矩阵，故采用点列表形式-1（nodelist1），并在文本编辑器中输入相应语句（见图10-2）。在指定文件夹中保存该文件成为纯文本文件，并且给该文件命名为"小世界网络.txt"。在Ucinet软件中单击"Data→Import text files→DL"，然后选择保存的文本文件"小世界网络.txt"，即可将该文件打开成为 Ucinet 形式的数据文件，Ucinet 软件将会自动生成两个文件："小世界网络.##d"和"小世界网络.##h"（见图 10-3）。

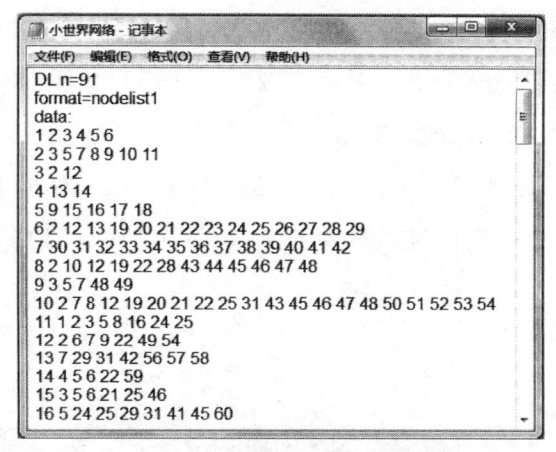

图 10-2 用"文本编辑器"输入邻接矩阵（部分）

图 10-3 91 位用户的邻接矩阵（部分）

上述 91 位用户之间"关注"与"被关注"的关系已用一个 91×91 的 1-模邻接矩阵 Z_{ij} 表示出来。由于"关注"是一种单向关系，因此矩阵的行代表关注者，列代表被关注者，连线的方向是从关注者指向被关注者，即在 91 位用户中，如果某位用户的关注对象中出现另一用户，则对应行列的元素值取 1，否则元素值取 0，最终得到一个二值矩阵。将邻接矩阵 Z_{ij} 导入社会网络分析软件 Ucinet 6.2，然后运用 Ucinet 的绘图软件工具 Net-

Draw 绘制出该微博社区内交流网络的社群图（见图 10-4）。用户 A "关注"用户 B 的原因主要有三个：①用户 B 是用户 A 的现实社会网络中的朋友或熟人，此时两者之间的"关注"关系通常是双向的；②用户 B 是社会知名人物，其言行具有广泛的社会影响；③用户 A 被用户 B 在言谈中所表现出来的智慧所吸引，如草根微博"经典语录"拥有超过 140 万的粉丝；后两种情况下所形成的"关注"关系通常是单向的。如果用户 A "关注"用户 B，则在社群图中连线的方向是 A→B，而信息传递的方向则是 B→A。

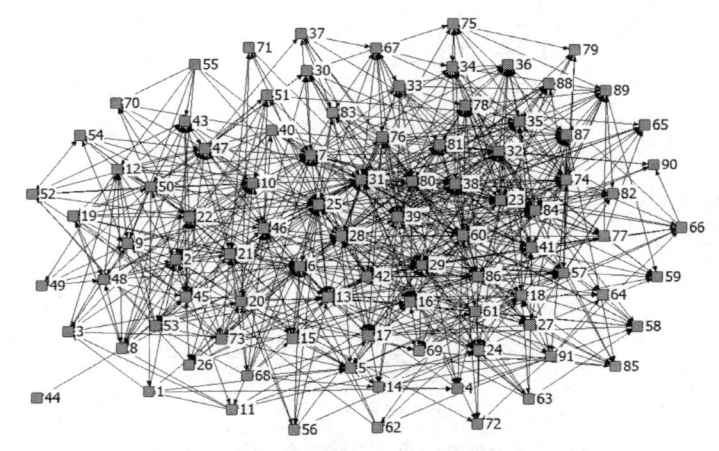

图 10-4 该微博社区内交流网络的社群图

2. 数据分析

首先，在 Ucinet 6.2 软件中沿着 "Transform→Symmetrize→Maximum" 路径对邻接矩阵 Z_{ij} 进行对称化处理，然后沿着 "Network→Cohesion→Clustering Coefficient" 路径计算聚类系数 C，结果为 0.412；沿着 "Network→Cohesion→Distance" 路径计算平均路径长度 L，结果为 1.991；沿着 "Tools→Univariate States" 路径对上述计算中程序直接产生的距离矩阵进行描述统计分析，其中 "Which dimension to analyze" 选择 "Matrices"，分析结果如图 10-5（a）所示。可见，在这个 91×91 的距离矩阵中，平均距离为 1.991，最大距离为 4，最小距离为 1。

```
Descriptive Statistics              Descriptive Statistics

                      1                                   1
                 ---------                           ---------
 1       Mean       1.991             1       Mean       2.087
 2    Std Dev       0.596             2    Std Dev       0.569
 3        Sum   16304.000             3        Sum   17094.000
 4   Variance       0.355             4   Variance       0.324
 5        SSQ   35364.000             5        SSQ   38332.000
 6      MCSSQ    2907.295             6      MCSSQ    2653.754
 7   Euc Norm     188.053             7   Euc Norm     195.786
 8    Minimum       1.000             8    Minimum       1.000
 9    Maximum       4.000             9    Maximum       3.000
10   N of Obs    8190.000            10   N of Obs    8190.000
11  N Missing       0.000            11  N Missing       0.000
```

图 10 – 5（a） 实验网络的统计描述　　图 10 – 5（b） 随机网络的统计描述

实验网络的连线数为 990，平均度数为 990/91 = 10.879 ≈ 11。在 Ucinet 6.2 软件中沿着"Data→Random→Sociometric"路径构造一个拥有 91 个节点的随机网络，并令每个节点的点出度（Outdegree）都为 11。计算该随机网络的平均路径长度 L，结果为 2.087；计算其聚类系数 C，结果为 0.114；对其距离矩阵进行描述统计分析，分析结果如图 10 – 5（b）所示。可见，平均距离为 2.087，最大距离为 3，最小距离为 1。

将实验网络与随机网络的网络参数进行对比（见表 10 – 1）。可见，两个网络具有相近的平均路径长度 L，而实验网络的聚类系数 C 远大于相应的随机网络，该结果表明该微博社区内的信息交流具有明显的"小世界现象"。

表 10 – 1　实验网络与随机网络的网络参数的对比

参数	实验网络	随机网络
平均度数	≈11	11
平均路径长度 L	1.991	2.087
聚类系数 C	0.412	0.114

由于中介中心度测量了节点和连线对信息的"控制"程度，因此本研究选择中介中心度作为衡量关键节点和连线的指标。节点的中介中心度测量了一个节点对于其他节点之间的信息传播的控制程度。节点 n_i 的中介中心度计算如下：$C_B(n_i) = \sum_{j<k} g_{jk}(n_i)/g_{jk}$，其中 g_{jk} 表示节点 n_j 与 n_k 之间存

在的捷径的数目，$g_{jk}(n_i)$ 表示节点 n_j 与 n_k 之间存在的经过节点 n_i 的捷径的数目[1]。沿着"Network → Centrality → Freeman Betweenness → Node Betweenness"路径计算各节点的中介中心度，可以发现影响整个网络内信息传播的关键节点，计算结果见表 10-2。这些关键节点的中介中心度（>350）远高于实验网络内的其他节点。

表 10-2 实验网络中的关键节点及其中介中心度

节点	中介中心度	标准化中介中心度	节点	中介中心度	标准化中介中心度
31	999.862	12.483	6	480.811	6.003
25	834.188	10.414	39	435.935	5.442
29	834.188	10.414	46	425.465	5.312
28	586.802	7.326	7	385.796	4.816

连线的中介中心度测量的是一条连线出现在一条捷径上的次数，体现了节点之间的一条连线（关系）对于信息传播的控制程度。在测量一条连线 l 的中介中心度时，需要考察网络中所有经过 l 的两点之间的捷径，计算 l 在全部捷径中所占的比例[1]。连线 l_i 的中介中心度计算如下：$C_B(l_i) = \sum_{j<k} g_{jk}(l_i)/g_{jk}$，其中 g_{jk} 表示节点 n_j 与 n_k 之间存在的捷径的数目，$g_{jk}(l_i)$ 表示节点 n_j 与 n_k 之间存在的经过连线 l_i 的捷径的数目。沿着"Network → Centrality → Freeman Betweenness → Edge (line) Betweenness"路径计算任意两个节点之间连线（关系）的中介中心度，可以发现影响整个网络内信息传播的关键连线，计算结果见表 10-3。这些关键连线的中介中心度（>70）高于实验网络内的绝大部分连线。

---

[1] 刘军. 整体网分析讲义——UCINET 软件实用指南 [M]. 上海：上海人民出版社，2009：100-103.

表10-3 实验网络中的关键连线及其中介中心度

连线	中介中心度	连线	中介中心度
65→28	98.157	31→73	75.049
70→25	89.222	2→7	74.884
8→44	87.000	29→63	73.683
6→23	85.943	5→18	73.098
25→11	81.681	9→7	70.526
6→29	80.110	88→28	70.461

3. 结论

本研究通过"滚雪球"抽样获得"名人微博"社区的交流网络，借鉴复杂网络中体现网络结构特征的指标，比较调研得到的交流网络与随机网络的平均路径长度和聚类系数，证明了微博社区内的交流网络具有小世界性质。通过对交流网络中的节点和连线进行中介中心度分析，进一步发现影响整个网络内信息扩散的关键节点和连线，它们在交流网络内的信息传播过程中具有重要作用。这些关键连线通常以某一个关键节点为端点，它们在交流网络中起到"长程连接"的作用，从而使网络在保持较高聚类系数的同时，使网络的平均路径长度大幅缩短，使得整个网络表现出小世界特征。确定微博社区内交流网络中关键节点和连线有助于通过微博引导舆论导向以及应对突发事件。关键节点在网络舆情的传播过程中经常充当"意见领袖"的角色，进一步借助于交流网络中的"长程连接"，使得微博网络舆情能够迅速地在整个网络内传播。

第二节 社会网络分析在网络信息交流研究中的应用

美国社会学家门泽尔曾经从载体的角度系统研究了信息交流过程，并提出了著名的正式过程和非正式过程交流论。我国情报学家严怡民指出：

凡是不需要借助于科学文献系统和情报工作者所完成的情报交流，都可以称为非正式交流过程。正式交流过程和非正式交流过程的差异主要表现为：正式交流过程的传播者和接受者在信息交流过程中必须经过文献传递中介系统，而非正式交流过程则不需要，并且非正式交流克服了正式交流的时滞性缺点，成为互联网时代不可或缺的交流手段❶。美国情报学家普赖斯针对非正式交流网络提出了"无形学院（Invisible College）"的概念，并指出科学家所需的情报资料约有80%是通过"无形学院"得到的。Crawford通过对无形学院内的交流网络结构进行实证研究，发现约有73%的科学家参与了非正式交流过程，核心科学家只需通过不超过两步的联结，就可以将科学情报传递给非正式交流网络中95%的科学家❷。

微博社区是一种基于用户关系的信息获取、信息分享、信息传播的网络社区，其显著特点是简单易用、注重实效、方便快捷，因此成为互联网时代非常重要的信息交流工具。网络环境下正式交流与非正式交流的划分标准是：网络信息交流过程是否需要经过信息专业人员对信息内容进行加工整理，因此微博社区中的信息交流根据这一标准属于非正式交流。目前我国对微博社区内信息交流的研究比较分散，涉及新闻传播、图书情报、教育技术等多个研究领域，从微观角度探讨微博社区内信息交流网络结构特征实证研究也在不断增加❶。案例分析10-2针对微博信息交流结构展开研究，选取知名微博社区Myspace9911作为研究实例，运用中心性分析、凝聚子群分析、结构洞分析、核心-边缘结构分析等社会网络分析方法，考察微博社区内非正式交流网络的结构及其特点，从而有效把握微博社区非正式交流的特征和规律。

---

❶ 王晓光，滕思琦．微博社区中非正式交流的实证研究——以"Myspace 9911 微博"为例[J]．图书情报工作，2011，55（4）：39-43．

❷ Crawford S. Formal and informal communication among scientists in sleep research [J]. Journal of the American Society for Information Science, 1971, 22 (5): 301-311.

※案例分析10-2：基于社会网络分析的微博社区内信息交流网络结构特征研究[1]

1. 数据获取与处理

本研究选取由美国 Myspace 公司开发的知名微博社区"Myspace9911"网站作为研究对象。采用通用爬虫软件工具"火车头采集器"抓取"Myspace9911"社区"传媒记者"板块的54位名人用户的数据资料，抓取时间为2010年5月22日15点至18点。选取名人用户进行研究的主要原因是其更具有代表性，而名人用户中尤以传媒记者更善于对信息进行加工与传播，媒体人之间的信息沟通与交流显得更为密切，因此更易于从中探究微博社区内信息交流结构的特性。具体的数据抓取和处理过程如下：

（1）提取表征用户基本属性的数据资料，包括关注数、被关注数、微博文数，然后再根据注册时间计算出使用天数，将上述4项数据组成1条记录，共计可以得到54条记录。

（2）提取每位用户的关注对象名单，共计可以得到8257条数据，以用户为单位进行保存。

（3）对用户名称进行顺序编码，这样进行网络分析时就会更加高效，部分编号及其对应的用户名称见表10-4。

表10-4 微博用户编码（部分）

编号	用户名称	编号	用户名称
17	关军	25	刘颖 GTO
18	郭小寒	26	刘铮
19	郭志凯	27	流氓柚子
20	黑皓普	28	卢世伟

---

[1] 王晓光．微博社区交流结构及其特征研究［D］．华东师范大学，2011．

续表

编号	用户名称	编号	用户名称
21	贾维	29	咪咩
22	蓝蝴蝶	30	平客
23	梁纯-1626	31	朴九月
24	刘博	32	乔小刀

（4）构建一个"关注"关系矩阵，由于"关注"是一种单向关系，因此矩阵的行代表关注者，列代表被关注者，连线的方向是从关注者指向被关注者，即在 54 位用户中，如果某位用户的关注对象中出现另一用户，则对应行列的元素取值为 1，否则元素取值为 0，最终得到一个二值矩阵。将这 54 位用户之间"关注"与"被关注"的关系用一个 54×54 的邻接矩阵 Z_{ij} 来表示（见表 10-5）。

表 10-5 关注网络矩阵（部分）

	17	18	19	20	21	22	23	24	25	26	27	28	29	30	31	32
17	0	0	0	0	0	0	0	0	0	0	0	1	0	0	0	0
18	0	0	0	0	0	0	0	0	0	0	0	0	1	0	0	0
19	0	0	0	1	1	1	0	0	1	0	1	1	0	0	1	1
20	0	1	0	1	1	1	1	0	1	0	0	1	0	1	0	1
21	0	1	0	0	0	0	0	0	1	0	0	0	0	0	0	0
22	1	1	0	1	0	0	0	1	0	1	1	1	1	0	1	0
23	0	1	0	0	0	0	0	0	0	0	0	0	0	0	1	1
24	0	0	1	1	1	0	0	0	1	0	0	0	0	0	0	0
25	0	1	0	0	0	0	0	0	1	0	0	1	0	0	0	0
26	0	0	0	1	0	1	0	0	0	0	0	1	1	1	0	1
27	0	0	0	0	0	0	0	0	0	0	0	0	0	0	1	1
28	0	1	0	0	0	1	0	1	0	0	0	0	0	0	0	0
29	0	0	0	0	1	0	0	1	0	0	0	0	0	0	0	0
30	0	1	0	0	1	0	0	0	1	1	0	0	0	0	0	0
31	1	0	0	0	0	0	0	0	0	0	0	0	0	0	0	0
32	0	1	0	0	1	0	0	0	0	0	0	0	0	0	0	0

用户 A "关注" 用户 B 的原因主要有三个：①用户 B 是用户 A 的现实社会网络中的朋友或熟人，此时两者之间的"关注"关系通常是双向的；

②用户 B 是社会知名人物，其言行具有广泛的社会影响；③用户 A 被用户 B 在言谈中所表现出来的智慧所吸引，后两种情况下所形成的"关注"关系通常是单向的。如果用户 A "关注"用户 B，则在社群图中连线的方向是 A→B，而信息传递的方向则是 B→A。将邻接矩阵 Z_{ij} 导入社会网络分析软件 Ucinet 6.2，然后运用 Ucinet 的绘图软件工具 NetDraw 绘制出该微博社区内交流网络的社群图（见图 10-6）。由于微博社区内用户之间的"关注"关系有向的，因此该交流网络的社群图是一个有向图。接下来可以通过核心-边缘结构分析、中心性分析、凝聚子群分析、结构洞分析等社会网络分析方法，对"传媒记者"版块用户交流网络结构的一般特征进行深入地实证分析。

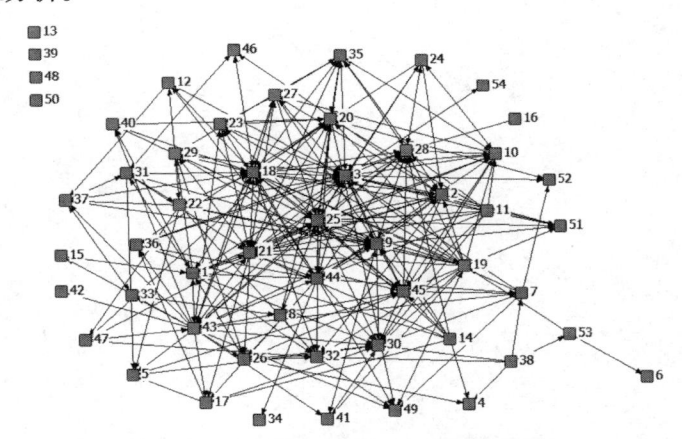

图 10-6 该微博社区内交流网络的社群图

2. 数据分析

1）核心-边缘结构分析

在 Ucinet 6.2 软件工具中，沿着 "Network → Core/Periphery → Categorical" 路径，对该交流网络进行核心-边缘结构分析，在 "Algorithm" 选项中选择 "CORR"（块模型），所得计算结果如图 10-7 和图 10-8 所示。在核心-边缘结构分析结果中，初始矩阵与理想矩阵的相关系数（Starting fitness）和经过重排后的矩阵与理想矩阵的相关系数（Final fitness）均为 0.378，Final fitness 的数值越大，表明实际数据与理想模型越相似，实际数据的核心-边缘结构模型也就越显著。由图10-7可见，核心区域包含1号、2号、3号、7号、9号、10号等29个节点，边缘区域包含4号、5号、6号、8号、13号、15号等25个节点，处于核心区域与处于边缘区域的节点数量比较接近。

```
Starting fitness: 0.378
Final fitness: 0.378

Core/Periphery Class Memberships:
  1:   1 2 3 7 9 10 11 12 14 18 19 20 21 22 23 24 25 26 27 28 29 30 31 32 35 37 43 44 45
  2:   4 5 6 8 13 15 16 17 33 34 36 38 39 40 41 42 46 47 48 49 50 51 52 53 54
```

图10-7 核心-边缘结构分析的分派结果

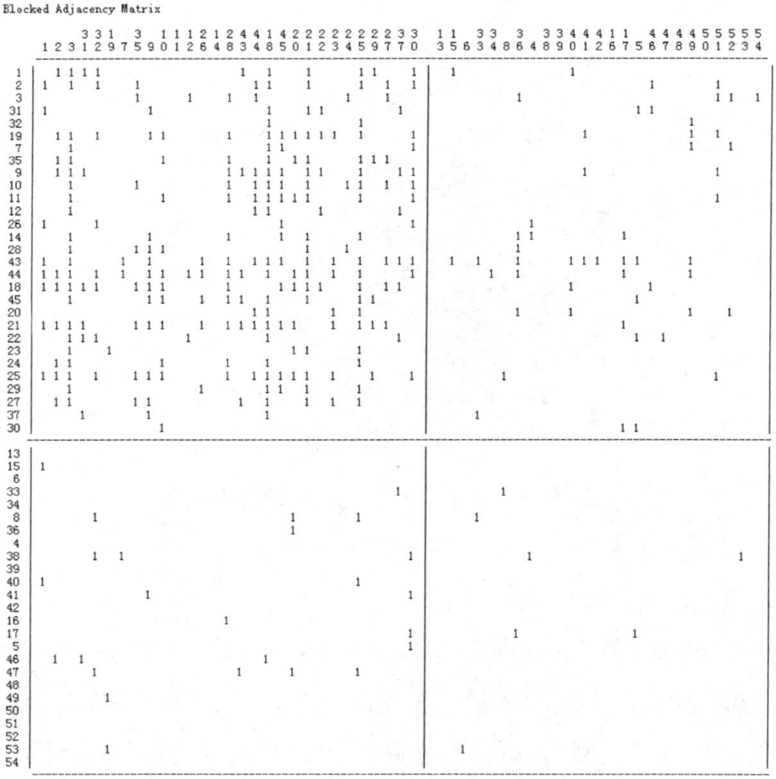

```
Blocked Adjacency Matrix
```

图10-8 核心-边缘结构分析的分块结果

由于核心节点的数量较多并且相互联系比较复杂，可以将处于核心区域的节点抽出，对其再进行二次核心-边缘结构分析，进一步观察核心区域的结构特征，所得计算结果如图 10 - 9 和图 10 - 10 所示。重排后的矩阵与理想矩阵的 Final fitness 达到 0.586，表明实际数据的核心 - 边缘结构模型更加显著，同时也可以发现交流网络中联系最紧密的、处于绝对核心位置的 1 号、2 号、3 号、5 号、6 号、10 号等 11 个节点。微博社区内的信息交流同样存在“信息不对称”现象，部分能够引导微博舆情的节点用户获得了更多的关注度、影响力和话语权，逐渐发展成为信息交流网络中的核心节点。在“马太效应”的进一步放大作用下，微博用户的核心地位与边缘地位进一步分化，游离于网络中边缘位置的弱势群体的声音难以被关注到，在居于强势地位的网络舆情下经常变得沉默。

```
Starting fitness: 0.544
Final fitness: 0.586

Core/Periphery Class Memberships:

   1:  1 2 3 5 6 10 13 17 19 20 27 28 29
   2:  4 7 8 9 11 12 14 15 16 18 21 22 23 24 25 26
```

图 10 - 9　核心 - 边缘结构分析的分派结果

```
Blocked Adjacency Matrix

            2     1 2 1 1 1 2 2       1 1   1   1 2 2 2 2 2 2 1 1
      1 2 3 8 5 6 0 9 9 3 7 7 0   4 9 6 1 8 2 7 8 2 3 1 5 6 4 4 5
   ------------------------------------------------------------------
  1 |   1 1       1     1 1 1   |                 1 1 1     1     |
  2 | 1   1 1     1   1 1 1     |                 1     1   1     |
  3 |       1         1       1 |     1   1             1         |
 28 | 1 1 1   1 1 1     1 1 1 1 | 1       1 1   1 1         1   1 |
  5 |   1 1 1     1 1   1 1 1 1 |                 1 1     1   1   |
  6 |     1 1     1 1 1 1 1   1 |     1           1     1         |
 10 | 1 1 1   1 1   1 1 1 1   1 |           1       1   1 1 1 1   |
 29 |     1   1 1 1     1 1 1 1 |               1     1           |
 19 |   1 1   1   1     1 1 1   |                       1       1 |
 13 | 1 1 1 1 1 1 1 1 1   1 1 1 |           1   1   1 1 1       1 |
 17 | 1 1 1 1 1 1 1 1   1     1 |           1     1   1 1   1   1 |
 27 | 1   1 1 1   1 1 1 1 1   1 | 1             1 1       1     1 |
 20 |     1   1 1       1       |     1                 1         |
   ------------------------------------------------------------------
  4 |     1       1 1           |                 1               |
  9 |     1   1     1   1 1   1 |                                 |
 16 |   1 1     1 1       1   1 |                                 |
 11 |   1 1   1 1 1 1   1 1   1 |           1     1         1 1 1 |
  8 |     1 1     1             |                         1   1   |
 12 |       1     1       1     |                               1 |
  7 |     1 1   1 1 1   1 1   1 |           1     1               |
 18 | 1             1           |                 1         1     |
 22 |           1               |                                 |
 23 | 1       1   1     1       |                         1   1   |
 21 |     1       1 1   1 1     |               1                 |
 25 |   1 1     1 1   1 1 1   1 |           1         1           |
 26 |         1   1             |                   1             |
 24 |             1       1     |                                 |
 14 |     1       1             |         1         1     1 1     |
 15 |     1             1 1     |       1   1                     |
   ------------------------------------------------------------------
```

图 10 - 10　核心 - 边缘结构分析的分块结果

2）中心性分析

在 Ucinet 6.2 软件工具中沿着"Network → Centrality → Freeman Betweenness → Node Betweenness"路径计算交流网络中各节点的中介中心度，并与核心-边缘结构分析结果进行比较，分析结果如图 10-11 所示。中介中心度排名靠前的节点基本上都处于核心区域，排名在前 20 名的节点全部是核心节点，它们起到了沟通其他节点的桥梁作用，同时也处于其他节点对的最短路径（捷径）上，控制着大部分节点之间的信息交流。微博社区内的信息交流网络为有向网络，在对有向网络的结构分析中，通过中介中心度分析和核心-边缘结构分析，通常可以得出比较接近或相似的结果。

	1 Betweenness	2 nBetweenness	是否核心区？
18	249.319	9.046	是
25	222.318	8.067	是
44	175.192	6.357	是
3	162.542	5.898	是
43	151.940	5.513	是
21	149.636	5.429	是
9	143.491	5.206	是
10	126.098	4.575	是
1	108.910	3.952	是
20	102.346	3.714	是
19	97.500	3.538	是
30	94.201	3.418	是
45	70.558	2.560	是
28	63.308	2.297	是
22	54.459	1.976	是
26	42.779	1.552	是
2	41.136	1.493	是
37	38.750	1.406	是
32	28.931	1.050	是
31	28.811	1.045	是
23	27.493	0.998	是
8	23.909	0.868	
7	19.060	0.692	是
27	18.562	0.674	是
36	18.273	0.663	
49	14.041	0.509	
35	13.631	0.495	是
12	7.100	0.258	是

图 10-11　中介中心度与核心区的比较结果（部分）

考察排名在前 27 名的节点（占全部节点总数的一半），发现只有 8 号、36 号和 53 号为边缘节点。边缘节点的存在方式主要有以下三种：①属于刚加入该微博社区的新成员；②作为该交流网络与其他交流网络之间的"桥"而存在；③属于另一个交流网络，作为一种稀缺资源而存在。虽然上述三个节点与其他节点之间的联系不够紧密，但由于其处于其他几个节点之间的交往路径上，在一定程度上能够控制其他成员之间的交往，因此其中介中心度的排名是比较靠前的。再考察这三个节点用户的基本数据资料可以发现，8号是加入该微博社区时间最短的5个用户之一，属于边缘节点存在方式的第一种情况；36号和49号虽然各自关注的人数都非常少（分别是9和4），但关注这两个人的人数却非常之多（分别是5621和1132），他们在一定程度上是整个微博社区内的稀缺资源，能够吸引如此众多的成员去关注他们以获取信息，他们属于边缘节点存在的第三种情况。

3）凝聚子群分析

在 Ucinet 6.2 软件中沿着"Network→Cohesion→Density→(new) Density Overall"路径计算该非正式网络的密度为 0.1164，说明该交流网络成员之间的信息交流不太频繁。沿着"Network→Cohesion→Distance"路径计算该交流网络的距离矩阵，可以发现该交流网络中有 44 位成员之间是可达的，还有 10 位与其他成员之间不可达的孤立者（分别是 6 号、11 号、13 号、14 号、16 号、38 号、39 号、48 号、50 号和 53 号），成员之间的距离为 1～5，平均距离为 2.253，凝聚力（distance-based cohesion）为 0.340。沿着"Network→Subgroups→Cliques"路径进行派系分析，其中"Minimum size"如果选择默认值 3，就会得到多达 33 个派系，不断调整后发现将"Minimum size"设置为 5，则可以得到数目适中的 6 个派系，分析结果如图 10-12 所示。

```
6 cliques found.

1:  10 18 21 25 35
2:  10 18 21 25 45
3:  1 2 18 21 25
4:  2 18 21 25 35
5:  9 18 21 25 45
6:  2 18 21 27 35
```

图 10-12　该交流网络的派系分析结果

将上述 6 个派系中的节点进行整理和去重,可以得到节点集合 {1,2,9,10,18,21,25,27,35,45},再与核心-边缘结构分析得到的核心节点进行比较,可以发现这些节点均为核心节点,表明联系紧密的派系成员在整个网络中也往往处于核心位置。上述 6 个派系中总共只包括 10 个节点成员,如此高的重合率说明核心成员之间的联系十分紧密,即使能够进一步划分成更小的派系,也无法割裂彼此之间错综复杂的紧密联系。正是由于派系中核心成员之间的联系过于紧密,彼此之间交流信息时不得不考虑传递信息所带来的影响,出于规避风险的原因会不由自主地减少传递的信息量。因此,派系成员应尽量多与派系以外的成员进行信息交流,还应注意减少不同派系之间节点成员的重合率,以期拓宽信息交流渠道并提高信息交流效率。

4)结构洞分析

沿着"Network → Ego-networks → Structural Holes"路径进行结构洞分析,其中"Method"一项选择"Ego network model",分析结果如图 10-13 所示。由图 10-13 可见,该交流网络中有 5 位成员的有效规模(Effective Size)最大,分别是 3 号、18 号、25 号、43 号和 44 号(>15),这也印证了这些成员在社群图中所表现出来的居于核心地位的表象;与此相对应的是,这些成员在交流网络中的限制度(Constraint)最小。该交流网络中有 4 位成员的节点度数(degree)为 0,说明这些成员是既没有点入度也没有点出度的孤立者,他们在该交流网络中的有效规模是最低的(均为 1)。在该交流网络中有 6 位成员的限制度最高,分别是 6 号、15 号、16 号、34 号、42 号和 54 号(≥1),这些成员在网络内处于边缘地位。有 5 位成员的等级度(Hierarchy)最高(均为 1),分别是 6 号、16 号、34 号、42 号和 54 号,这些等级度较高的成员也处于边缘地位。有 7 位成员的效率(Efficiency)最高(均为 1),分别是 4 号、6 号、16 号、34 号、42 号、53 号和 54 号,说明这些成员对其个体网中其他成员的影响程度比较大。

第十章
社会网络分析在网络计量学中的应用

```
Structural Hole Measures
       Degree  EffSize Efficienc Constrain Hierarchy Ego Betwe Ln(Constr Indirects Density
   1   14.000   9.205    0.657    0.258     0.094    49.100    -1.355     0.780    0.341
   2   15.000   9.065    0.604    0.262     0.106    22.867    -1.341     0.834    0.371
   3   26.000  19.156    0.737    0.149     0.074   104.285    -1.905     0.844    0.263
   4    3.000   3.000    1.000    0.333     0.000     0.000    -1.099     0.000    0.000
   5    6.000   5.000    0.833    0.493     0.054     4.500    -0.707     0.679    0.267
   6    1.000   1.000    1.000    1.000     1.000     0.000     0.000     0.000    0.267
   7    9.000   6.500    0.722    0.361     0.057     8.667    -1.018     0.745    0.264
   8    4.000   3.167    0.792    0.574     0.141     0.000    -0.555     0.444    0.333
   9   18.000  11.518    0.640    0.211     0.068    61.912    -1.558     0.848    0.330
  10   13.000   6.727    0.517    0.280     0.049    22.650    -1.274     0.845    0.468
  11   11.000   5.727    0.521    0.342     0.044     0.000    -1.074     0.885    0.518
  12    5.000   3.188    0.637    0.592     0.046     4.000    -0.524     0.684    0.500
  13    0.000                                         0.000               0.000    0.500
  14    9.000   5.611    0.623    0.357     0.037     0.000    -1.030     0.753    0.389
  15    2.000   1.167    0.583    1.235     0.057     0.000     0.211     0.556    1.000
  16    1.000   1.000    1.000    1.000     1.000     0.000     0.000     0.000    1.000
  17    7.000   4.938    0.705    0.463     0.048     5.500    -0.770     0.758    0.357
  18   26.000  18.451    0.710    0.150     0.063   141.453    -1.896     0.869    0.280
  19   18.000  13.625    0.757    0.195     0.054    39.500    -1.634     0.798    0.291
  20   14.000  10.658    0.761    0.266     0.179    53.500    -1.324     0.702    0.220
  21   22.000  14.108    0.641    0.178     0.062    73.630    -1.723     0.879    0.340
  22   10.000   7.115    0.712    0.348     0.104    20.767    -1.055     0.752    0.289
  23    8.000   4.208    0.526    0.434     0.052     8.536    -0.835     0.813    0.571
  24    6.000   2.889    0.481    0.559     0.039     5.833    -0.582     0.796    0.667
  25   26.000  18.300    0.704    0.152     0.070   131.964    -1.886     0.866    0.280
  26    9.000   6.350    0.706    0.364     0.071    11.583    -1.012     0.732    0.347
  27   10.000   4.406    0.441    0.368     0.048     9.517    -1.000     0.862    0.622
  28   16.000   9.182    0.574    0.239     0.081    24.691    -1.431     0.838    0.396
  29    8.000   3.591    0.449    0.465     0.071     2.583    -0.766     0.856    0.625
  30   15.000  11.889    0.793    0.227     0.073    60.917    -1.482     0.753    0.229
  31    8.000   5.200    0.650    0.411     0.121    14.833    -0.889     0.697    0.375
  32   12.000   9.036    0.753    0.303     0.137    31.500    -1.194     0.748    0.250
  33    3.000   2.600    0.867    0.521     0.049     3.000    -0.652     0.233    0.167
  34    1.000   1.000    1.000    1.000     1.000     0.000     0.000     0.000    0.167
  35   10.000   4.583    0.458    0.369     0.059    10.100    -0.997     0.846    0.578
  36    7.000   4.875    0.696    0.457     0.061     8.000    -0.782     0.739    0.381
  37    7.000   4.500    0.643    0.444     0.064    12.833    -0.811     0.704    0.429
  38    5.000   4.600    0.920    0.300     0.050     0.000    -1.204     0.200    0.050
  39                                                  0.000               0.000    0.050
  40    5.000   2.500    0.500    0.688     0.060     0.667    -0.374     0.808    0.700
  41    4.000   2.000    0.500    0.774     0.102     0.000    -0.256     0.700    0.500
  42    1.000   1.000    1.000    1.000     1.000     0.000     0.000     0.000    0.500
  43   25.000  19.887    0.795    0.160     0.113   110.815    -1.831     0.813    0.187
  44   22.000  15.710    0.714    0.178     0.090   101.821    -1.727     0.834    0.260
  45   15.000   9.152    0.610    0.256     0.096    39.700    -1.361     0.822    0.343
  46    3.000   1.667    0.556    0.840     0.074     1.000    -0.175     0.556    0.667
  47    5.000   3.600    0.720    0.607     0.136     2.500    -0.499     0.650    0.300
  48    0.000                                         0.000               0.000    0.300
  49    6.000   4.571    0.762    0.495     0.069    13.000    -0.704     0.670    0.300
  50    0.000                                         0.000               0.000    0.300
  51    6.000   2.750    0.458    0.562     0.036     0.000    -0.576     0.807    0.467
  52    3.000   2.333    0.778    0.611     0.052     0.000    -0.492     0.333    0.167
  53    3.000   3.000    1.000    0.333     0.000     2.000    -1.099     0.000    0.000
  54    1.000   1.000    1.000    1.000     1.000
```

图 10-13 结构洞分析结果（部分）

沿着"Network→Centrality→Freeman Betweenness→Node Betweenness"路径计算各成员的中介中心度，计算结果如图 10-12 所示。由图 10-14 可见，在该交流网络中 18 号和 25 号两位成员的中介中心度最大（>220），其次是 3 号、9 号、10 号、21 号、43 号和 44 号六位成员（>120），表明这些成员在网络内的信息交流中处于枢纽地位，占据较多的结构洞位置，具备汇集多方有价值信息的结构洞优势，最能控制其他成员之间的信息交流。在该交流网络中有多达 17 位成员的中介中心度为 0，分别是 4 号、6 号、11 号、13 号、14 号、15 号、16 号、34 号、38 号、39 号、41 号、42 号、48 号、50 号、51 号、52 号和 54 号，表明这些成员没有占据任何结构洞位置，参与网络内信息交流的意愿和能力不足。因此，该交流网络内的成员之间需加强彼此间的有效联系，使网络中存在的结构洞数目有所减少，以适度削弱 18 号、25 号两位成员的核心地位。有多达 17 位成员处于网络中的边缘地位，应采取措施提高他们的积极性，使其加强与其他成员的联系和沟通，以便充分地进行信息交流与传播。

	Betweenness	nBetweenness		Betweenness	nBetweenness
18	249.319	9.046	12	7.100	0.258
25	222.318	8.067	17	5.771	0.209
44	175.192	6.357	53	5.510	0.200
3	162.542	5.898	29	5.170	0.188
43	151.940	5.513	47	4.850	0.176
21	149.636	5.429	24	4.760	0.173
9	143.491	5.206	33	3.426	0.124
10	126.098	4.575	5	1.667	0.060
1	108.910	3.952	40	1.102	0.040
20	102.346	3.714	46	0.450	0.016
19	97.500	3.538	15	0.000	0.000
30	94.201	3.418	38	0.000	0.000
45	70.558	2.560	14	0.000	0.000
28	63.308	2.297	41	0.000	0.000
22	54.459	1.976	42	0.000	0.000
26	42.779	1.552	11	0.000	0.000
2	41.136	1.493	4	0.000	0.000
37	38.750	1.406	39	0.000	0.000
32	28.931	1.050	6	0.000	0.000
31	28.811	1.045	34	0.000	0.000
23	27.493	0.998	48	0.000	0.000
8	23.909	0.868	16	0.000	0.000
7	19.060	0.692	50	0.000	0.000
27	18.582	0.674	51	0.000	0.000
36	18.273	0.663	52	0.000	0.000
49	14.041	0.509	13	0.000	0.000
35	13.631	0.495	54	0.000	0.000

图 10 - 14　中介中心度分析结果（部分）

3. 结论

本研究以"Myspace9911"微博社区中的"传媒记者"版块作为研究对象，以微博用户之间的"关注"关系作为交流网络结构研究的切入点，通过实证分析揭示了微博社区内交流网络结构的一般特征。通过核心 - 边缘结构分析、中心性分析、凝聚子群分析、结构洞分析等社会网络分析方法，对"传媒记者"版块用户交流网络结构进行深入分析，可以发现该交流网络结构存在如下特征与问题：

（1）通过核心－边缘结构分析可以发现，微博社区内的信息交流存在"信息不对称"现象，微博用户自然分化成为核心节点和边缘节点，核心节点能够引起较多关注并引导网络舆情，边缘节点难以被关注到而处于弱势地位，并且"马太效应"的放大作用进一步加剧了这种分化。

（2）通过中介中心度分析可以发现，那些中介中心度较高的节点通常处于核心区域，对有向网络进行中介中心度分析和核心－边缘结构分析，通常可以得出比较接近或相似的分析结果。

（3）通过凝聚子群分析中的"派系分析"可以发现，派系中的全部节点均为核心节点，部分核心节点之间的联系显得十分紧密，无法割裂彼此之间错综复杂的联系，以至于可能会影响到网络内信息交流的效率。

（4）通过结构洞分析可以发现，个别成员占据较多的结构洞位置，在网络内的信息交流中处于枢纽地位，具备汇集多方有价值信息的结构洞优势，能够控制其他成员之间的信息交流。有较多成员没有占据任何结构洞位置，处于整个交流网络中的边缘地位，参与网络内信息交流的意愿和能力不足。

附　录　91位用户的微博地址

1. http://t.qq.com/juntang 唐骏；

2. http://t.qq.com/kaifulee 李开复；

3. http://t.qq.com/michaelyu 俞敏洪；

4. http://t.qq.com/tongdawei 佟大为；

5. http://t.qq.com/Jetli 李连杰；

6. http://t.qq.com/liuxiang 刘翔；

7. http://t.qq.com/yanglan 杨澜；

8. http://t.qq.com/tabtoo 蔡奇；

9. http://t.qq.com/wangshi 王石；

10. http://t.qq.com/zhudeyong 朱德庸；

11. http://t.qq.com/zhangyaqin 张亚勤；

12. http://t.qq.com/langxianping 郎咸平；

13. http://t.qq.com/fengxiaogang0818 冯小刚；

14. http://t.qq.com/mayili007 马伊琍；

15. http://t.qq.com/real_sunnan 孙楠；

16. http://t.qq.com/linqingxiavip 林青霞；

17. http://t.qq.com/wuyanzu 吴彦祖；

18. http://t.qq.com/wenghong 翁虹；

19. http://t.qq.com/storyofmovie 崔永元；

20. http://t.qq.com/han_qiaosheng 韩乔生；

21. http://t.qq.com/duanxuan 段暄；

22. http://t.qq.com/yu_hua 余华；

23. http://t.qq.com/fanweiqilove 范玮琪；

24. http://t.qq.com/carinalau1208 劉嘉玲；

25. http://t.qq.com/xujinglei 徐静蕾；

26. http://t.qq.com/lang 郎朗；

27. http://t.qq.com/leokubi 古巨基；

28. http://t.qq.com/karenmo 莫文蔚；

29. http://t.qq.com/loveshuqiforever 舒淇；

30. http://t.qq.com/guojingming 郭敬明；

31. http://t.qq.com/caikangyong 蔡康永；

32. http://t.qq.com/linxilei1029 林熙蕾；

33. http://t.qq.com/arronyyl1120 炎亚纶；

34. http://t.qq.com/saiyanjiro824 汪东城；

35. http://t.qq.com/Selina Selina；

36. http://t.qq.com/ella Ella；

37. http://t.qq.com/Peerzhu 朱梓骁；

38. http://t.qq.com/fangzuming 房祖名；

39. http://t.qq.com/xie_na 谢娜；

40. http://t.qq.com/liai 李艾；

41. http://t.qq.com/linxinru 林心如；

42. http://t.qq.com/gigi 梁咏琪；

43. http://t.qq.com/zuojiamoyan 莫言；

44. http://t.qq.com/chenguangbiao 陈光标；

45. http://t.qq.com/zhangxiaoxian 张小娴；

46. http://t.qq.com/luchuan 陆川；

47. http://t.qq.com/fengyumaijia 麦家；

48. http://t.qq.com/maoyushi 茅于轼；

49. http://t.qq.com/renzhiqiang 任志强；

50. http://t.qq.com/wanghailing1108 王海鸰；

51. http://t.qq.com/tandun 谭盾；

52. http://t.qq.com/chizijian 迟子建；

53. http://t.qq.com/liujianhong 刘建宏；

54. http://t.qq.com/bishumin 毕淑敏；

55. http://t.qq.com/niudao 牛刀；

56. http://t.qq.com/liuguoliang 刘国梁；

57. http://t.qq.com/miriam 杨千嬅；

58. http://t.qq.com/anyixuanhy 安以轩；

59. http://t.qq.com/jiajingwen 贾静雯；

60. http://t.qq.com/aaaya 阿雅；

61. http://t.qq.com/kungfuwujing 吴京；

62. http://t.qq.com/gongxinliang 巩新亮；

63. http://t.qq.com/Ray1386 吕良伟；

64. http://t.qq.com/tanyaowen 谭耀文；

65. http://t.qq.com/zhangliangyingstar 张靓颖；

66. http://t.qq.com/wuchenjun 吴辰君；

67. http://t.qq.com/wuxinxin 吴昕；

68. http://t.qq.com/tao_wei 陶伟；

69. http://t.qq.com/michelejiaxin 李嘉欣；

70. http://t.qq.com/mengfei 孟非；

71. http://t.qq.com/superdan 林丹；

72. http://t.qq.com/liuxiaoqing 刘晓庆；

73. http://t.qq.com/lianyue 连岳；

74. http://t.qq.com/MISSELVA 萧亚轩；

75. http://t.qq.com/rainie060477 杨丞琳；

76. http://t.qq.com/xiaoshenyang0507 小沈阳；

77. http://t.qq.com/wangjie 王傑；

78. http://t.qq.com/amei-amit 张惠妹；

79. http://t.qq.com/yuchengqing0728 庾澄庆；

80. http://t.qq.com/hejiong 何炅；

81. http://t.qq.com/sunyanzi 孙燕姿；

82. http://t.qq.com/angelababy Angela Baby；

83. http://t.qq.com/duhaitao 杜海涛；

84. http://t.qq.com/jjlin 林俊杰；

85. http：//t.qq.com/aaronkwok999 郭富城；

86. http：//t.qq.com/iamqgillzi 阿嬌；

87. http：//t.qq.com/zychoicharlene 蔡卓妍；

88. http：//t.qq.com/sandylamylin 林忆莲；

89. http：//t.qq.com/show68730 罗志祥；

90. http：//t.qq.com/jolintsai 蔡依林；

91. http：//t.qq.com/zhengyuanchang 郑元畅。

参考文献

[1] 刘军. 社会网络分析导论[M]. 北京：社会科学文献出版社，2004.

[2] 刘军. 整体网分析讲义——UCINET软件实用指南[M]. 上海：上海人民出版社，2009.

[3] 刘军. 整体网分析讲义——UCINET软件实用指南（第2版）[M]. 上海：上海人民出版社，2014.

[4] 林聚任. 社会网络分析：理论、方法与应用[M]. 北京：北京师范大学出版社，2009.

[5] 约翰·斯科特. 社会网络分析法（第2版）[M]. 刘军译. 重庆：重庆大学出版社，2009.

[6] 戴维·诺克，杨松. 社会网络分析（第2版）[M]. 李兰译. 上海：上海人民出版社，2012.

[7] 斯坦利·沃瑟曼，凯瑟琳·福斯特. 社会网络分析：方法与应用[M]. 陈禹，孙彩虹译. 北京：中国人民大学出版社，2012.

[8] 罗纳德·伯特. 结构洞：竞争的社会结构[M]. 任敏，李璐，林虹译. 上海：上海人民出版社，2008.

[9] 罗家德. 社会网分析讲义（第2版）[M]. 北京：社会科学文献出版社，2010.

[10] 汪小帆, 李翔, 陈关荣. 复杂网络: 理论及其应用 [M]. 北京: 清华大学出版社, 2006.

[11] 陈胜可. SPSS 统计分析——从入门到精通 [M]. 北京: 清华大学出版社, 2010: 317.

[12] 姜鑫, 田志伟. 微博社区内信息传播的"小世界"现象及实证研究——以腾讯微博为例 [J]. 情报科学, 2012, 30 (8): 1139-1142.

[13] 姜鑫. 基于"结构洞"视角的组织社会网络内隐性知识共享研究 [J]. 情报资料工作, 2012, (1): 32-36.

[14] 姜鑫. 基于社会网络分析的组织非正式网络内隐性知识共享及其实证研究 [J]. 情报理论与实践, 2012, 35 (2): 68-71.

[15] 姜鑫. 组织内非正式网络中心性对隐性知识共享的影响研究 [J]. 图书情报工作, 2011, 55 (16): 111-148.

[16] 姜鑫, 马海群. 基于作者共被引分析的我国档案学学科知识结构探析 [J]. 档案学研究, 2015, (1): 22-29.

[17] 姜鑫. 我国"微博"研究主题的共词可视化分析 [J]. 现代情报, 2013, 33 (11): 108-113.

[18] 马海群, 姜鑫. 我国档案学研究的知识图谱绘制——以共词分析可视化为视角 [J]. 档案学研究, 2014, (5): 7-11.

[19] 王晓光. 微博社区交流结构及其特征研究 [D]. 华东师范大学, 2011.

[20] 王晓光, 滕思琦. 微博社区中非正式交流的实证研究——以"Myspace 9911 微博"为例 [J]. 图书情报工作, 2011, 55 (4): 39-43.

[21] 董克, 刘德洪, 江洪. 基于三方关系组的引用网络结构分析 [J]. 情报理论与实践, 2010, 33 (11): 50-53.

[22] 张玥, 朱庆华. 学术博客交流网络的核心-边缘结构分析实证研究 [J]. 图书情报工作, 2009, 53 (12): 25-29.

[23] 胡蓉，邓小昭．基于结构洞理论的个人人际网络分析系统研究[J]．情报学报，2005，24（4）：486－489．

[24] 汪丹．结构洞算法的比较与测评[J]．现代情报，2008，（1）：153－156．

[25] 汪丹．结构洞理论在情报分析中的应用与展望[J]．情报杂志，2009，（1）：183－186．

[26] 刘广为，杨雅芬，张文德．科技资源共享中"桥"的应用——基于人际网络"结构洞"理论的研究[J]．图书情报工作，2009，53（20）：60－64．

[27] 盛亚，范栋梁．结构洞分类理论及其在创新网络中的应用[J]．科学学研究，2009，27（9）：1407－1411．

[28] 姜卫韬．基于结构洞理论的企业家社会资本影响机制研究[J]．南京农业大学学报（社会科学版），2008，8（2）：21－28．

[29] 梁丹，葛玉辉，陈悦明．结构洞理论在高管团队社会资本中的应用研究展望[J]．华东经济管理，2010，24（4）：97－99．

[30] 谢英香，冯锐．结构洞：虚拟学习社区信息获取行为研究[J]．软件导刊，2010，9（8）：19－21．

[31] 周晓宏，郭文静．基于社会网络的隐性知识转移研究[J]．中国科技论坛，2008，（12）：88－90．

[32] 张卫国，邢青霞，罗军．社会网络视角下组织内部隐性知识共享研究[J]．科技管理研究，2009，（12）：290－292．

[33] 王嵩，王刊良，田军．科研团队隐性知识共享的结构性要素——一个社会网络分析案例[J]．科学学与科学技术管理，2009，（12）：116－121．

[34] 施杨，李南．研发团队知识交流网络中心性对知识扩散影响及其实证研究[J]．情报理论与实践，2010，33（4）：28－31．

[35] 秦铁辉,孙琳. 试论非正式网络及其在知识共享活动中的作用[J]. 情报科学,2009,27(1):1-5.

[36] 殷国鹏,莫云生,陈禹. 利用社会网络分析促进隐性知识管理[J]. 清华大学学报:自然科学版,2006,46(S1):964-969.

[37] 张勤,马费成. 国内知识管理研究结构探讨——以共词分析为方法[J]. 情报学报,2008,27(1):93-107.

[38] 钟伟金,李佳. 共词分析法研究(二)——类团分析[J]. 情报杂志,2008,(6):141-143.

[39] 韩红旗,安小米. 科技论文关键词的战略图分析[J]. 情报理论与实践,2012,35(9):86-90.

[40] 邱均平,张晓培. 基于 CSSCI 的国内知识管理领域作者共被引分析[J]. 情报科学,2011,27(10):69-74.

[41] 邱均平,马瑞敏,李晔君. 关于共被引分析方法的再认识和再思考[J]. 情报学报,2008,27(1):69-74.

[42] 许海云,方曙. 科学计量学的研究主题与发展——基于普赖斯奖得主的扩展作者共现分析[J]. 情报学报,2013,32(1):58-67.

[43] 贺颖,祝庆轩. 基于科学知识图谱的档案学基础理论进展研究(1999—2008年)[J]. 图书情报工作,2010,(1):144-148.

[44] 林强. 我国档案学研究现状的可视化分析[J]. 档案学通讯,2012,(2):17-20.

[45] 袁楚. 微博将创造信息传播新方式——访中国人民大学新闻学院副院长彭兰教授[J]. 互联网天地,2010,(12):10-11.

[46] 王智红. 微博:小世界中的大精彩[J]. 新闻爱好者,2011,(8):56-57.

[47] 张玉良. "微博时代"的信息传播[J]. 新闻爱好者,2011,(6):24-25.

[48] Burt R S. Structural Holes: The Social Structure of Competition [M]. Cambridge, MA: Harvard University Press, 1992.

[49] Lin Nan. Social capital: A theory of social structure and action [M]. New York: Cambridge University Press, 2001.

[50] Nonaka I, Takeuchi H. The knowledge-creating company: How Japanese companies create the dynamics of innovation [M]. New York: New Oxford University Press, 1995.

[51] Burt R S. The network structure of social network [J]. Organizational Behavior, 2000, 22: 345 – 423.

[52] Borgatti S P, Everett M G. Network analysis of 2 – mode date [J]. Social Network, 1997, 19: 243 – 269.

[53] Borgatti S P, Everett M G. Models of core/periphery structures [J]. Social Networks, 1999, 21 (4): 375 – 395.

[54] Freeman L C. Centrality in social networks: Conceptual clarification [J]. Social Networks, 1979, (1): 215 – 239.

[55] Granovetter M. The strength of weak ties [J]. American Journal of Sociology, 1973, 78: 1287 – 1303.

[56] Friedkin N E. A test of structure features of Granovetter's Strength of Weak Ties Theory [J]. Social Networks, 1980, (2): 411 – 422.

[57] Watts D J, Strongatz S H. Collective dynamics of small-world networks [J]. Nature, 1998, 393 (4): 440 – 442.

[58] Allen T Harrell. Communication networks——The hidden organizational chart [J]. The Personal Administrator, 1976, 21 (6): 31 – 34.

[59] Cross R, Prusak L. The people who make organizations go or stop [J]. Harvard Business Review, 2002, (6): 5 – 12.

[60] Krackhardt D, Hanson J R. Information networks: The company be-

hind the chart [J]. Harvard Business Review, 1993, 71 (4): 100 – 117.

[61] Crawford S. Formal and informal communication among scientists in sleep research [J]. Journal of the American Society for Information Science, 1971, 22 (5): 301 – 311.

[62] Callon M, Courtial J P, Laville F. Co-word analysis as a tool for describing the network of interactions between basic and technological research: The case of polymer chemistry [J]. Scientometrics, 1991, 22 (1): 155 – 205.

[63] Yang Y, Wu M Z, Cui L. Integration of three visualization method based on co-word analysis [J]. Scientometrics, 2012, 90 (2): 659 – 673.

[64] Bangrae Lee, Yong-Il Jeong. Mapping Korea's national R&D domain of robot technology by using the co-word analysis [J]. Scientometrics, 2008, 77 (1): 3 – 19.